現　代
会計ファイナンス研究の
潮　流

東洋大学経営学部会計ファイナンス学科 編

中央経済社

東洋大学経営学部開設50周年記念出版にあたって

　東洋大学経営学部は，1966（昭和41）年4月に開設され，2016（平成28）年に開設50周年を迎えました。本学は2017（平成29）年に創立130周年を迎え，その長さに比べると短いものの，半世紀が経過したことになります。当初は，第1部経営学科，商学科，第2部経営学科の3学科体制でありましたが，2001（平成13）年に商学科を日本初のマーケティング学科に学科名称を変更，2006（平成18）年には会計ファイナンス学科を開設し，現在は4学科で収容定員3,168名へと拡大してきました。

　開設50周年に際して，経営学部の研究内容を学科ごとにまとめて，広く各方面の方にお伝えすることを企画いたしました。経営学部と一言でいっても多様な研究が行われています。その先端の視点により研究をまとめることによって，現在の経営学の研究領域の広がりや多様性を示すことが可能となるはずです。それらによって，現実の課題への解決の糸口を提示できるものと信じております。

　今後，経営学はさらに広範な問題を取り扱い，発展を遂げていくものと思います。その道標となることを期待するとともに，我々の手で次の道標を構築していきたいと思っております。

　最後に，本書の刊行に当たって学校法人東洋大学，東洋大学第1部経営学会のお力添えがあったことに感謝いたします。また，本書の出版を引き受けて下さった中央経済社に衷心より感謝申し上げます。

2016年9月吉日

東洋大学経営学部長
長島　広太

まえがき

　2006（平成18）年4月，東洋大学経営学部会計ファイナンス学科は，経営学部における最も新しい学科として誕生した。以後，会計分野，監査・税法分野，経済・金融分野，そして教養教育分野の気鋭の研究者を継続的に採用し，研究および教育に全力を挙げて取り組んできた。本書は，このうち，会計分野，監査・税法分野，経済・金融分野の教員による各専門領域の研究成果をまとめたものである。

　会計の基本目的は，かつては債権者保護の立場から会社の財産計算に重点がおかれていたが，やがて投資者保護の立場から損益計算重視へと変化した。会社の組織形態として株式会社形態が主流になると，企業が多額の資金調達を行うことにより金融・資本市場が発達し，利害関係者の増加・多様化をもたらした。経済活動の発展は，新たな実務を生み出し，1970年代においてはリース取引の普及に伴い，法的形式よりも経済的実質が優先されるようになり，1990年代以降は金融工学やIT（情報技術）の発達により複雑で多様な金融商品が生み出され，測定属性としての公正価値の重要性が高まった。

　一方，経済活動の多様化，多国籍化は金融・資本市場のグローバル化を促進し，それに伴う会計情報の国際的な比較可能性の要請は，会計基準のコンバージェンス（統合）を加速した。また，金融・資本市場を支えるインフラとして，会計情報の信頼性を担保する監査は，企業倫理の観点からも，その重要性は高まっている。

　個々の企業に目を向ければ，会計は経済的意思決定のための羅針盤であり，業績管理やリスクマネジメントにおいて管理会計・原価計算の果たす役割はますます重要性が増し，経営活動の成果としての利益から導かれた課税所得と法人税の問題には，税務会計が深く関わっている。さらに，近年においては，営利を追求しない公的部門においても会計の役割が重視されつつある。

　経済・金融分野についてみると，バブル崩壊後は長期にわたり資金需要が低迷したため，金融各業態では収益の拡大を目指し，ホールセール，リテールを

問わずファイナンス理論の高度化を背景とした複雑な金融商品の導入やサービス競争が進んだ。2000年以降，バブル崩壊後の不良債権処理に一定の目処がついたものの，2015年には戦後初めて人口が減少するなど，少子高齢化社会を迎え，日本経済は新たな低成長局面へと突入した。かつて「横並び」であった金融機関の行動は，地方経済の衰退や，経営の巧拙なども加わって，金融各業態間，各業態内で，その違いが顕著となった。他方，海外に目を向けると単一通貨圏やTPPなどの自由貿易協定の拡大といった経済のグローバリゼーションが進展する中，イギリスのEUからの離脱や，各地域での領土紛争の拡大など，反グローバリズムの動きもみられる。このような不安定な国際情勢を受け，日本が近隣諸国とともに構築すべき国際協調体制とはどうあるべきなのか，という点について研究を進めていく必要がある。

　本書には，企業会計分野から4編，監査・税法分野から2編，経済・金融分野から4編の論稿が収められている。

　第Ⅰ部の企業会計分野からは，財務会計の研究である「繰延税金資産の回収可能性をめぐる最近の動向―企業会計基準適用指針第26号を中心として―」，「リース会計基準試案の特徴と課題」，「改正退職給付会計基準の早期適用会社への影響―適用初年度の有価証券報告書における開示を素材として―」は，会計基準のグローバル化を背景として，それぞれ会計基準の改正が企業の会計情報に及ぼす影響と課題について言及している。管理会計の研究である「活動基準原価計算の公的部門への導入について」は，とりわけ公的部門におけるピンポイントでの業務の改善点の発見という視点から，活動基準原価計算の公的部門への導入のメリットと導入に際しての問題点を指摘している。

　第Ⅱ部の監査・税法分野からは，「マウツ＝シャラフ『監査の哲理』についての若干の考察」において，監査の原点に立ち戻った考察がなされている。奇しくも，日本を代表する有名企業において不適切な会計が発覚し，その実態が浮き彫りにされている昨今，監査への批判と期待の声の高まりとともに，監査のあり方や品質が改めて問われている。そして「見えざる『税会計処理基準』の検討―ビックカメラ事件を題材として―」においては，平成25年7月19日に

下されたビックカメラ事件を巡り「税会計基準」の意義と問題点が検討されている。

　第Ⅲ部の経済・金融分野からは，「アンケート調査に基づく信用金庫の適正規模の分析」は，すべての金融業態において合併やグループ化が進展している最近の状況を踏まえ，特に中小金融機関である信用金庫の適正規模がどのくらいなのか，という問題について，財務諸表データではなく，信用金庫が回答したアンケート調査に基づき分析している。「東アジアの経済発展は経済・金融統合を促したか？」は，国際金融分野の研究として，EUにみられる通貨・金融統合が東アジア各国内で可能かどうかについて，東アジア各国間の経済構造の類似性の統計的測定に基づき検討している。

　経済・金融分野のなかで病院や医療を取り巻く諸問題に焦点を当てた研究では，「患者需要予測と適正病床数に関する考察―ハフモデル適用による分析―」は，現代日本が抱える社会保障における深刻な問題のひとつである病院経営の現状と課題を分析するため，ハフモデルの適用を試みており，「終末期医療の問題をめぐる経済的視点からの検討」では，高齢化に伴う多死社会が到来したことを背景に，終末期医療について，その問題点を概観するとともに，患者側の見地から延命医療を選択するか否かに関する意思決定モデルを説明している。

　このように，企業会計分野，監査・税法分野，経済・金融分野の多岐にわたる論稿は，現代において検討されるべき喫緊の課題に迫るものであり，一つの潮流を成しているといえる。われわれが携わっているこれらの学問分野が，社会においてどのような役割を果たしているのか，求められる社会的機能とは何か，というような根源的な問いに対する答えは時代とともに変化しているが，本書に掲載されたそれぞれの論稿が，現時点において，部分的であっても，この問いに対する何らかの示唆を与えることができれば幸いである。

2016年9月吉日

東洋大学経営学部会計ファイナンス学科長
宮村健一郎

目　次

東洋大学経営学部開設50周年記念出版にあたって／i
まえがき／iii

第Ⅰ部　企業会計

第1章　繰延税金資産の回収可能性をめぐる最近の動向
―企業会計基準適用指針第26号を中心として―………………… 2

1．はじめに　2
2．公開草案の意義と論点　4
3．「適用指針第26号」に基づく繰延税金資産の計上　14
4．税効果会計の注記に関する課題　20
5．おわりに　24

第2章　リース会計基準試案の特徴と課題 ……………………… 27

1．はじめに　27
2．リース会計の国際的動向　28
3．リース会計基準の改定論議と試案の特徴　30
4．試案における検討課題　35
5．おわりに　38

第3章　改正退職給付会計基準の早期適用会社への影響
―適用初年度の有価証券報告書における開示を素材として―…… 41

1．はじめに　41
2．退職給付費用　42
3．退職給付に係る負債（資産）　45

4．退職給付に係る調整額　47
   5．退職給付に係る調整累計額　51
   6．年金資産の内訳　54
   7．おわりに　57

第4章　活動基準原価計算の公的部門への導入について　……………60
   1．はじめに　60
   2．活動基準原価計算の素描　61
   3．活動基準原価計算の導入事例　65
   4．時間主導型活動基準原価計算　68
   5．おわりに　73

第Ⅱ部　監査・税法

第5章　マウツ＝シャラフ『監査の哲理』についての
　　　　若干の考察　………………………………………………78
   1．はじめに　78
   2．マウツ＝シャラフにおける監査の構造　78
   3．監査研究に哲学は必要か　80
   4．哲学が必要とされる監査の本質とは何か　82
   5．監査における科学的方法とは何か　83
   6．監査公準　86
   7．監査理論上の概念　87
   8．5つの主要な概念　90
   9．監査実践の発展可能性と限界　94
  10．おわりに　96

第6章　見えざる「税会計処理基準」の検討
　　　　　ービックカメラ事件を題材としてー ……………………………… 99
　1．はじめに　99
　2．事案の概要　99
　3．争　点　100
　4．東京高裁の判断　101
　5．検　討　108
　6．おわりに　113

第Ⅲ部　経済・金融

第7章　アンケート調査に基づく信用金庫の適正規模の分析 …… 116
　1．はじめに　116
　2．データ　119
　3．分析結果　122
　4．2,000億円で区分けできる2種類の信用金庫　138
　5．おわりに　141

第8章　東アジアの経済発展は経済・金融統合を促したか ……… 144
　1．はじめに：東アジアの経済発展と経済統合　144
　2．東アジア経済統合の深化　146
　3．経済統合は金融統合を促進するか　152
　4．おわりに：東アジア共同体と東アジアの将来　157

第9章　患者需要予測と適正病床数に関する考察
　　　　　ーハフモデル適用による分析ー ……………………………… 162
　1．はじめに　162
　2．病床検討の必要性　163

3．病床数の分析　166
　4．おわりに　170

第10章　終末期医療の問題をめぐる経済的視点からの検討………175
　1．はじめに　175
　2．終末期医療問題と経済学との関わり　176
　3．終末期医療に対する取組みと調査結果　180
　4．診療報酬制度との関わり　184
　5．終末期医療に関する理論的検討　189
　6．おわりに　191

第 I 部

企業会計

第1章　繰延税金資産の回収可能性をめぐる最近の動向
　　　　―企業会計基準適用指針第26号を中心として―
第2章　リース会計基準試案の特徴と課題
第3章　改正退職給付会計基準の早期適用会社への影響
　　　　―適用初年度の有価証券報告書における開示を素材として―
第4章　活動基準原価計算の公的部門への導入について

第1章

繰延税金資産の回収可能性をめぐる最近の動向
―企業会計基準適用指針第26号を中心として―

1．はじめに

「税効果会計に係る会計基準」によれば，税効果会計の目的は，企業会計上の資産または負債の額と課税所得計算上の資産または負債の額に相違がある場合において，法人税等の額を適切に期間配分することにより，法人税等を控除する前の当期純利益と法人税等を合理的に対応させることである（「税効果会計に係る会計基準」第一）。企業会計と課税所得計算における資産または負債の額の差額である一時差異が解消するときに，その期の課税所得を減額する効果を持つものを将来減算一時差異といい（「税効果会計に係る会計基準」第二の一の2．および3．），将来減算一時差異等[注1]に係る税金の額は繰延税金資産として計上されることとなる。繰延税金資産は，将来減算一時差異が解消されるときに課税所得を減少させ，税金負担額を軽減することができると認められる範囲内で計上するものとし，その範囲を超える額については控除しなければならない（「税効果会計に係る会計基準注解」（注5）繰延税金資産の計上について）とされる。

上記の規定に照らせば，繰延税金資産は将来の法人税等を減額することができると見込まれる場合に限り計上される資産である。したがって，税効果会計を適用するにあたって中心的な課題となるのは，繰延税金資産の回収可能性である。その主な理由の1つは，繰延税金資産は，将来減算一時差異の解消が見込まれる期間において当該一時差異の金額を超える課税所得が発生することを

前提に，税金負担額を軽減することによりキャッシュフローとして実現するという性質をもつためである。もう1つは，繰延税金資産の回収可能性を判断するにあたって前提となる将来の課税所得は，経営者の予測と見積りに依存するためである。

日本における税効果会計に関する基準は，1998年に企業会計審議会より公表された「税効果会計に係る会計基準の設定に関する意見書」および「税効果会計に関する会計基準」（以下「税効果会計基準」という）において定められている。また，「税効果会計基準」を中心として，実務指針，監査上の指針をはじめ，多くの参照規定が存在する[注2]。とりわけ，1999年に日本公認会計士協会（以下，JICPAという）より公表された「繰延税金資産の回収可能性の判断に関する監査上の取扱い（監査委員会報告第66号）」（以下「監査委員会報告第66号」という）は，日本企業が新しい会計実務に対応するために，5つの例示区分を設けて企業の将来の課税所得を見積るというきめ細やかな規定が設けられていることから，監査上の指針であるとともに繰延税金資産の回収可能性の判断における主要な実務上の指針として機能してきたといえる。

その間，2010年3月期より日本企業に国際財務報告基準（International Financial Reporting Standards，以下，IFRSという）の任意適用が開始され，2016年3月現在で任意適用会社は74社であり，適用予定会社30社を含めて104社となっている。IFRSでは，国際会計基準委員会（IASC（現IASB））により公表されたIAS12「法人所得税（Income Taxes）」において税効果会計の処理及び開示が定められており，1979年にIAS12「法人所得税の会計（accounting for taxes on income）」（以下，IAS12という）として公表されてから1996年及び2010年の修正，その後の他のIFRSによる軽微な修正を経て現在に至っている。なお，IAS12には「監査委員会報告第66号」に相当するような適用指針は設けられていない。

その後，2013年に企業会計基準委員会（以下，ASBJという）は基準諮問会議より税効果会計の適用指針についてJICPAから移管する旨の提言を受けて，税効果会計専門委員会を設置し，2014年より当該見直し作業に着手した。その結果，2015年5月26日付で企業会計基準適用指針公開草案第54号「繰延税金資産の回収可能性に関する適用指針（案）」（以下，公開草案という）が公表され

た。そして，公開草案は寄せられたコメントを踏まえて検討され，同年12月28日付で企業会計基準適用指針第26号「繰延税金資産の回収可能性に関する適用指針」(以下，「適用指針第26号」という) として公表された。「適用指針第26号」の公表は，「税効果会計基準」公表以来の税効果会計に関する基準の大幅な見直しとなった。同指針は，平成28年4月1日以後開始する連結会計年度および事業年度の期首から適用することとされ，平成28年3月31日終了年度から早期適用が可能となっている (49項)。

　本章では，まず，「適用指針第26号」の公表によって繰延税金資産の回収可能性に関する判断が従来との比較においてどのように改められ，その結果，繰延税金資産の計上にどのような影響が生じることが想定されるのかについて明らかにする。そして，これに基づいて喫緊の課題とされている税効果会計に求められる注記についても考察する。なお，本稿は2016年2月末日現在の会計基準にもとづいている。

2．公開草案の意義と論点

2.1　公開草案の趣旨と移管の範囲

　平成25年12月に開催された第277回企業会計基準委員会において，基準諮問会議より，JICPAにおける税効果会計に関する会計上の実務指針および監査上の実務指針 (会計処理に関する部分) についてASBJで審議を行うことが提言された。当該提言の経緯[注3]は，会計基準の重要なガイダンスが，監査上の取扱いの中で実質的に定められていることは適切ではなく，繰延税金資産の回収可能性については，「監査委員会報告第66号」が会計処理のガイダンスの一部となっていることは明らかであり，税効果会計の会計処理に関する実務指針を含めてASBJに移管する必要があるとの意見が出されたことによるものである (財務会計基準機構 (2013) 第17回諮問会議資料 (4-2))。

　この提言を受けて，ASBJは税効果会計専門委員会を設置して，平成26年2月から審議を開始した (公開草案 (以下項番の表示にはEDを用いる) 52項)。審議を進めていくなかで，監査委員会報告第66号に対する問題意識が特に強く聞かれることから，ASBJは，繰延税金資産の回収可能性に関する適用指針を

第1章 繰延税金資産の回収可能性をめぐる最近の動向　5

図表1-1 税効果会計に関する現行の実務指針等から適用指針案への移管の範囲

「税効果会計基準」に関する会計上の実務指針・監査上の実務指針等	公開草案において引き継がれ検討された範囲
① 「個別財務諸表における税効果会計に関する実務指針」（会計制度委員会報告第10号）	左記①のうち繰延税金資産の回収可能性に関する定め
② 「連結財務諸表における税効果会計に関する実務指針」（会計制度委員会報告第6号）	左記②のうち繰延税金資産の回収可能性に関する定め
③ 「中間財務諸表等における税効果会計に関する実務指針」（会計制度委員会報告第11号）	
④ 「税効果会計に関するQ&A」（会計制度委員会）	左記④のうち繰延税金資産の回収可能性に関する定め
⑤ 「繰延税金資産の回収可能性の判断に関する監査上の取扱い」（監査委員会報告第66号）	左記⑤のうち会計処理に関する部分
⑥ 「その他有価証券の評価差額及び固定資産の減損損失に係る税効果会計の適用における監査上の取扱い」（監査委員会報告第70号）	左記⑥のうち会計処理に関する部分

(出所) 公開草案53項を基に著者作成。

先行して開発することとした（ED，53項）。

したがって，公開草案の目的は，繰延税金資産の回収可能性について「税効果会計基準」を適用する際の指針を定めることである（ED，1項）。また，公開草案がカバーする範囲は，**図表1-1**に示すとおりである。なお，JICPAにおける税効果会計に関する実務指針のうち公開草案に含まれないものについては，今後，ASBJの適用指針として開発していく予定であるとされている（ED，54項）。

2.2　「監査委員会報告第66号」との比較

「監査委員会報告第66号」と公開草案で異なる全般的な事項としては，繰延税金資産の回収可能性を判断する際に，前者が過去の業績等に基づく将来年度の課税所得の見積額を基礎としていたのに対して，後者は収益力に基づく一時差異等加減算前課税所得等に基づいている点である。すなわち，(1)収益力に基づく一時差異等加減算前課税所得の十分性，(2)タックス・プランニングに基づく一時差異等加減算前課税所得の十分性，および(3)将来加算一時差異の十分性

6 第Ⅰ部 企業会計

図表1-2 「監査委員会報告第66号」と

企業分類		分類の要件	通常の将来減算一時差異
分類1	［監査委員会報告66号］	①期末における将来減算一時差異を十分に上回る課税所得を，毎期（当期およびおおむね過去3年以上）計上している会社で，その経営環境に著しい変化がない。	回収可能性あり。
	［公開草案］	①過去（3年）及び当期のすべての事業年度において，期末における将来減算一時差異を十分に上回る課税所得が生じている。 ②当期末において，経営環境に著しい変化がない。	回収可能性あり。
分類2	［監査委員会報告66号］	①業績は安定しているものの，将来減算一時差異を十分に上回るほどの課税所得はない会社。すなわち，当期及び過去（おおむね3年以上）連続してある程度の経常的な利益を計上しているような会社。	スケジューリングに基づき計上された繰延税金資産は回収可能性あり。
	［公開草案］	①過去（3年）及び当期のすべての事業年度において，臨時的な原因により生じたものを除いた課税所得が，期末における将来減算一時差異を下回るものの，安定的に生じている。 ②当期末において，経営環境に著しい変化がない。 ③過去（3年）及び当期のいずれの事業年度においても重要な税務上の欠損金が生じていない。 ●スケジューリング不能な将来減算一時差異のうち，（中略）将来のいずれかの時点で回収できることを**合理的に**説明できる場合，当該スケジューリング不能な将来減算一時差異に係る繰延税金資産は回収可能性があるものとする。 ●(分類4)の要件を満たしても，将来において5年超にわたり一時差異等加算前課税所得が安定的に生じることが**合理的に**説明で**きる場合**，(分類2) として扱う。	スケジューリングに基づき計上された繰延税金資産は回収可能性あり。

公開草案における企業分類別取り扱いの比較

タックス・プランニングの実現可能性	長期の将来減算一時差異（退職給付引当金，減価償却超過額）	スケジューリング不能なその他有価証券の純額の評価差額に係る一時差異
検討は不要。	回収可能性あり。	回収可能性あり。
検討は不要。	回収可能性あり。	回収可能性あり。
①資産売却等の意思決定（**取締役会等で承認された事業計画や方針等で明確化されている**）の有無及び実行可能性，②含み益の金額の妥当性のいずれも満たす場合，将来の課税所得の見込み額に織り込むことができる。	回収可能性あり。	回収可能性あり。
①資産売却等の意思決定の有無（**事業計画や方針等で明確化されている**）及び実行可能性，②含み益の金額の妥当性のいずれも満たす場合，将来の一時差異等加算前課税所得の見積額に織り込むことができる。	回収可能性あり。	回収可能性あり。

企業分類	分類の要件	通常の将来減算一時差異
分類 3	[監査委員会報告66号] ①業績が不安定であり、将来減算一時差異を十分上回るほどの課税所得はない会社 ●(分類4)のただし書。重要な税務上の繰越欠損金が非経常的な原因により発生し、それを除けば経常的に課税所得がある会社についても、同様の扱いとする。	将来の合理的な見積可能期間(おおむね5年)内の課税所得見積額を限度とし、スケジューリングに基づき計上された繰延税金資産は回収可能性あり。
	[公開草案] ①過去(3年)及び当期において、臨時的な原因により生じたものを除いた課税所得が大きく増減している。 ②過去(3年)及び当期のいずれの事業年度においても重要な税務上の欠損金が生じていない。 ●臨時的な原因により生じたものを除いた課税所得が大きく増減している原因、中長期計画(おおむね3年から5年)、過去における中長期計画の達成状況、過去(3年)及び当期の課税所得の推移等を勘案して、5年を超える見積り可能期間においてスケジューリングされた一時差異等に係る繰延税金資産が回収可能であることを**合理的に説明できる場合**、当該繰延税金資産は回収可能性があるものとする。 ●(分類4)の要件を満たしても、将来においておおむね3年から5年程度は一時差異等加減算前課税所得が生じることが**合理的に説明できる場合**、(分類3)として扱う。	将来の合理的な見積可能期間(おおむね5年)以内の一時差異等加減算前課税所得の見積額に基づいて、スケジューリングに基づき見積られた繰延税金資産は回収可能性あり。5年を超える見積可能期間においても、一定の要件を満たした場合は回収可能性あり。将来の合理的な見積可能期間は、諸条件を勘案した結果、5年以内のより短い期間となる場合がある。
分類 4	[監査委員会報告66号] ①期末において重要な税務上の繰越欠損金が存在する会社、過去(おおむね3年以内)に重要な税務上の欠損金の繰越期限切れとなった事実があった会社、又は当期末において重要な税務上の欠損金の繰越期限切れが見込まれる会社。	翌期に課税所得の発生が確実に見込まれる場合で、かつ、その範囲内でスケジューリングに基づき計上された繰延税金資産は回収可能性があると判断できる。

第1章 繰延税金資産の回収可能性をめぐる最近の動向　9

タックス・プランニングの実現可能性	長期の将来減算一時差異（退職給付引当金，減価償却超過額）	スケジューリング不能なその他有価証券の純額の評価差額に係る一時差異
①将来の合理的な見積可能期間（おおむね5年）内における資産売却等の意思決定（**取締役会等で承認された事業計画や方針等で明確化されている**）の有無及び実行可能性，②含み益の金額の妥当性のいずれも満たす場合，将来の課税所得の見込み額に織り込むことができる。	おおね5年を超えた年度についても，一時差異の解消年度までに解消が見込まれる将来減算一時差異に係る繰延税金資産は回収可能性があると判断できる。	おおむね5年内の課税所得見積額からスケジューリング可能な一時差異の解消額を加減した額を限度とし計上された繰延税金資産は回収可能性があると判断できる。
①将来の合理的な見積可能期間（左記）における資産売却等の意思決定（**事業計画や方針等で明確化されている**）の有無及び実行可能性，②含み益の金額の妥当性のいずれも満たす場合，将来の一時差異等加算前課税所得の見積額に織り込むことができる。	将来の合理的な見積可能期間（おおむね5年）におけるスケジューリングを行った上で，当該見積可能期間を超えた期間であっても，将来一時差異の解消年度までに解消が見込まれる将来減算一時差異に係る繰延税金資産は回収可能性があると判断できる。	将来の合理的な見積可能期間（おおむね5年）又は一定の要件を満たした場合の5年を超える見積可能期間の一時差異加減算前課税所得の見積額にスケジューリング可能な一時差異の解消額を加減した額に基づき繰延税金資産を見積る場合は，回収可能性があるものとする。
①資産売却等の意思決定（取締役会等の承認，決裁権限者による決裁又は契約等で明確化されている）の有無及び実行可能性，②含み益の金額の妥当性のいずれも満たす場合，翌期の課税所得の見込み額に織り込むことができる。	翌期の課税所得見積額を限度とし，スケジューリングの基づき計上された繰延税金資産は回収可能性があると判断できる。	原則として回収可能性はなし。

企業分類		分類の要件	通常の将来減算一時差異
分類 5	［公開草案］	以下の①～③のいずれかを満たし，かつ，翌期において一時差異加減算前課税所得が生じることが見込まれる企業。 ①過去（3年）又は当期において，重要な税務上の欠損金が生じている。 ②過去（3年）において，重要な税務上の欠損金の繰越期限切れとなった事実がある。 ③当期末において，重要な税務上の欠損金の繰越期限切れが見込まれる。	翌期の一時差異等加減算前課税所得の見積額に基づき，スケジューリングの結果見積られた繰延税金資産は回収可能性があるものとする。
	［監査委員会報告66号］	①過去（おおむね3年以上）連続して重要な税務上の欠損金を計上している会社で，かつ，当期も重要な税務上の欠損金の計上が見込まれる会社。債務超過の状況にある会社や資本の欠損の状況が長期にわたっている会社で，かつ，短期間に当該状況の解消が見込まれない場合には，これと同様に取り扱う。	原則として回収可能性なし。
	［公開草案］	①過去（3年）及び当期のすべての事業年度において，重要な税務上の欠損金が生じている。 ②翌期においても重要な税務上の欠損金が生じることが見込まれる。	原則として回収可能性なし。

（出所）「監査委員会報告第66号」および公開草案に基づいて著者作成。

のいずれかを満たしているかどうかにより当該資産の回収可能性を判断するものとした（ED, 6項）。これは，将来において当期末に存在する将来減算一時差異を解消するために必要な課税所得が生じるかどうかを判断するためである（ED, 57項）。また，個別税効果実務指針における回収可能性の水準に関する基本的な考え方を踏襲し，一時差異等加減算前課税所得の十分性を判断する際には，将来減算一時差異については，その解消見込年度及び繰戻・繰越期間に

タックス・プランニングの実現可能性	長期の将来減算一時差異（退職給付引当金，減価償却超過額）	スケジューリング不能なその他有価証券の純額の評価差額に係る一時差異
①資産売却等の意思決定（取締役会等の承認，決裁権限者による決裁又は契約等で明確化されている）の有無及び実行可能性，②含み益の金額の妥当性のいずれも満たす場合，翌期の一時差異等加算前課税所得の見込み額に織り込むことができる。	翌期に解消される将来減算一時差異に係る繰延税金資産は回収可能性があると判断できる。	記載なし。
原則としてタックスプランニングに基づいて回収可能性を判断することはできない。ただし，税務上の繰越欠損金を十分上回る含み益を有しており，かつ（分類4）における条件を満たす場合に限り，翌期の課税所得の見込み額に織り込むことができる。	原則として回収可能性なし。	原則として回収可能性なし。
原則としてタックス・プランニングに基づく一時差異等加減算前課税所得の見積額を回収可能性の判断に織り込むことはできない。ただし，税務上の繰越欠損金を十分上回る含み益を有しており，かつ（分類4）における条件を満たす場合に限り，翌期の一時差異等加減算前課税所得の見込み額に織り込むことができる。	原則として回収可能性なし。	記載なし。

一時差異等加減算前課税所得が生じる可能性が高いと見込まれるかどうか，税務上の繰越欠損金については，その繰越期間に一時差異等加減算前課税所得が生じる可能性が高いと見込まれるかどうかに基づいて判断するものとした（ED 6項，58項）。

一方で，「監査委員会報告第66号」の企業の分類に応じた取扱いについては，実務への影響を考慮して撤廃せずに，基本的に踏襲したうえで必要な見直しを

行っている（ED, 62項-63項）。ただし，企業分類の全般的な事項として，それぞれの分類に直接該当しない場合の扱いについては，「監査委員会報告第66号」が例示区分の趣旨を斟酌し，会社の実態に応じて各例示区分に準じた判断を行う必要があるとしていたのに対して，公開草案は，過去の課税所得又は税務上の欠損金の推移，当期の課税所得または税務上の欠損金の見込み，将来の一時差異等加減算前課税所得の見込み等を総合的に勘案し，各分類の要件からの乖離度合いが最も小さいと判断されるものに分類することとした（ED, 16項, 64項）。

分類ごとの要件ないし取扱いについては，将来の一時差異等加減算前課税所得の見積額による繰延税金資産の回収可能性に関する取扱いにおいて定められている（ED, 15項-32項）。そして，タックス・プランニングに係る資産の含み益等の実現可能性に関する取扱い（ED, 34項），解消見込年度が長期にわたる将来減算一時差異の取扱い（ED, 35項），スケジューリング不能なその他有価証券の評価差額に係る一時差異の取扱い（ED, 39項-40項）について，企業の分類ごとに示されている。

以上を「監査委員会報告第66号」との比較においてまとめたのが**図表1-2**である。図表1-2に示すとおり，公開草案における企業分類別の見直しのポイントは，分類2から分類4に区分される要件，および繰延税金資産の回収可能性の判断にあたっての原則とは異なる扱いの容認である。なお，分類1と分類5は従来の取り扱いとほぼ同様の内容となっている。

① **分類2の取り扱い**

分類2については，会計上の利益に基づく要件から課税所得に基づく要件に変更するとともに，過去（3年）および当期のいずれの事業年度においても重要な税務上の欠損金が生じていないことを要件に追加している。また，将来の事象を勘案する観点から，当期末において経営環境に著しい変化がないことを要件に追加している（ED, 19項, 67項）。また，スケジューリング不能な将来減算一時差異に係る繰延税金資産は原則として回収可能性がないとしながらも，スケジューリング不能な将来減算一時差異のうち，税務上の損金算入時期が個別に特定できないが将来のいずれかの時点で損金算入される可能性が高いと見込まれるものについて，当該将来の税務上の損金算入時点における課税所得が

当該スケジューリング不能な将来減算一時差異の額を上回る見込みが高いことにより繰延税金資産が回収可能であることを合理的に説明できる場合については，回収可能性があるものとした（ED，第21項，74項）。さらに，分類4の要件を満たしても，将来において5年超にわたり一時差異等加減算前課税所得が安定的に生じることが合理的に説明できる場合は，分類2として扱うこととした（ED，28項，85項）。

② 分類3の取り扱い

分類3については，「経常的な損益」を課税所得に基づく要件に変更する際に，臨時的な原因により生じたものを除いた課税所得が大きく増減していることを要件としている（ED，22項，75項）。また，過去（3年）および当期のいずれの事業年度においても重要な税務上の欠損金が生じていないことを要件に追加している（ED，22項）。将来の合理的な見積可能期間を一律に5年を限度とすることは，企業の実態を反映しない可能性があると考えられるため，当該分類における繰延税金資産の回収可能性について，以下のような扱いとした。すなわち，臨時的な原因により生じたものを除いた課税所得が大きく増減している原因，中長期計画，過去における中長期計画の達成状況，過去（3年）および当期の課税所得の推移等を勘案して，5年を超える見積可能期間においてスケジューリングされた一時差異等に係る繰延税金資産が回収可能であることを合理的に説明できる場合には，当該繰延税金資産は回収可能性があるものとする定めを設けた（ED，24項，79項）。また，分類4の要件を満たしても，将来においておおむね3年から5年程度は一時差異等加減算前課税所得が生じることが合理的に説明できる場合は，分類3として扱うこととした（ED，29項，85項）。

③ 分類4の取り扱い

分類4については，当期末において重要な税務上の繰越欠損金が存在するかどうかではなく，過去（3年）または当期において重要な税務上の欠損金が生じているかどうかに焦点を当てた要件とすることに変更した（ED，26項，81項）。そして，将来の事象を勘案する観点から，翌期において一時差異等加減算前課税所得が生じることが見込まれることを分類の要件の1つとして追加している（ED，26項，81項）。分類4の要件を満たしても，分類2または分類3として扱う場合については，上述のとおりである。

④ 課税所得の見積りの根拠となる情報

課税所得を見積る際に，将来の業績予測のために企業が用いる内部情報について，「監査委員会報告第66号」では，原則として，取締役会や常務会等（以下取締役会等という。）の承認を得たものであることが必要であるとしたうえで，状況に即して適宜修正を要するとされていた。これに対して，公開草案では監査証拠の裏づけを求める性格のものでないことを考慮してその表現を引き継いでいない（ED, 92項）。その代わり，業績予測の前提となった数値を，経営環境等の企業の外部要因に関する情報や企業が用いている内部の情報と整合的に修正する必要があることを規定している（ED, 32項, 91項）。

3．「適用指針第26号」に基づく繰延税金資産の計上

3.1 公開草案の検討

公開草案と同時に公表された「コメントの募集」において，同草案の概要とそれに基づく9つの質問項目が提示された。**図表1-3**は，これらの質問ないしは提案に沿ってその要点を示したものである。

公開草案で扱うのは，繰延税金資産の回収可能性および適用時期に関する論点であるが，注記に関する検討が喫緊の課題となっていることに鑑みてこれについてもコメントを募集した。その結果，合計22の個人および団体よりコメントが寄せられた。以下は，ASBJに寄せられたコメントに基づいてその論点を要約している。

① 繰延税金資産の回収可能性に関するコメント

繰延税金資産の回収可能性に関して，反対を含めて検討を要する意見が多く寄せられた論点は，課税所得から「臨時的な原因により生じたもの」を除く提案（質問3），分類2における一定の要件を満たしたスケジューリング不能な将来減算一時差異に係る繰延税金資産の回収可能性を容認する扱い（質問4），および5年を超える見積可能期間においてスケジューリングされた一時差異等に係る繰延税金資産の回収可能性を容認する扱い（質問5）に関してであった。

質問3に対する反対の根拠としては，経営的な利益は安定していたとしても，課税所得は安定的に生じない可能性があるという意見があった。また，質問4

第1章 繰延税金資産の回収可能性をめぐる最近の動向 15

図表1-3 「公開草案」のコメント募集事項

繰延税金資産の回収可能性に関する論点	
質問1	監査委員会報告第66号における企業の分類に応じた取扱いの枠組みを基本的に踏襲する提案に同意するか。
質問2	各分類の要件をいずれも満たさない場合，各分類の要件からの乖離度合いが最も小さいと判断されるものに必ず分類するという提案に同意するか。
質問3	（分類2）及び（分類3）について，会計上の利益に基づく要件から課税所得に基づく要件に変更する提案に同意するか。また，課税所得から「臨時的な原因により生じたもの」を除く提案について同意するか。
質問4	（分類2）について，一定の要件を満たしたスケジューリング不能な将来減算一時差異に係る繰延税金資産は回収可能性があるものとする提案に同意するか。
質問5	（分類3）について，5年を超える見積可能期間においてスケジューリングされた一時差異等に係る繰延税金資産が回収可能であることを合理的に説明できる場合，当該繰延税金資産は回収可能性があるものとする提案に同意するか。
質問6	（分類4）について，合理的に説明できる場合は（分類2）又は（分類3）に該当するものとして取り扱うという提案に同意するか。
注記・適用時期に関する論点	
問7-1	現行の税効果会計に関する注記事項で十分な開示が行われているか。十分でない場合，どのような項目を追加的に開示することが望ましいか。
問7-2	「（分類3）における5年を超える見積可能期間に関する取扱い」や「（分類4）の要件を満たす企業が（分類2）又は（分類3）に該当する取扱い」などに伴って追加的な開示が望ましい注記事項がある場合には，その内容及び理由を記載。
問8-1	強制適用の時期に関する提案に同意するか。
問8-2	年度末に係る連結及び個別財務諸表からの早期適用を認め，当該年度の期首に遡って適用による影響額を期首の利益剰余金等に加減する提案に同意するか。
問8-3	適用指針の適用による変更を会計基準等の改正に伴う会計方針の変更として取り扱い，過年度の連結及び個別財務諸表に遡及適用せず，特定の経過的取扱いとして，適用初年度の期首の影響額を利益剰余金等に加減する提案に同意するか。
その他意見等の募集	
質問9	その他，本公開草案に関する意見があれば記載。

（出所） ASBJ公開草案「コメント」の募集に基づいて著者作成。

については「繰延税金資産が回収可能であることを合理的に説明できる場合が明確でない」といった意見や，「当該一時差異が解消する時点での課税所得の発生が確実であるという状況を想定することは困難である」といった意見であった。質問5については，たとえば5年超の計上金額と「合理的な説明」の内容を表す計上根拠の開示を条件とする提案も寄せられた。

② 注記に関するコメント

注記事項や追加的な開示については，財務諸表作成者と，監査人およびアナリスト等とで意見が大きく分かれた。前者においては，現行の開示で十分であり，追加の開示はコストとベネフィットが見合わない，利用者への有用性も限定的であるとの意見や，これに加えてIAS12との開示内容の比較等を勘案して慎重に検討すべきとの意見であった。これに対して，後者においては，現状の開示では不足であるとして，評価性引当額の内訳，繰越欠損金に関する情報，課税所得の見積期間等に関する注記の拡充を積極的に求める意見が多数を占めた（質問7-1）。とりわけ，「（分類3）における5年を超える見積可能期間に関する取扱い」や「（分類4）の要件を満たす企業が（分類2）または（分類3）に該当する取扱い」などに伴って必要となる「合理的に説明できる場合」の具体的な内容の説明と根拠を明確にすべきであるという意見が目立った（質問7-2）。また，本来，会計処理と注記事項は財務諸表において不可分の関係にあるとの見地から，注記事項の追加に関しては早急に審議を進めることの必要性が指摘された。

③ 適用時期等に関するコメント

年度末に係る連結及び個別財務諸表からの早期適用を認めて当該年度の期首に遡って適用による影響額を期首の利益剰余金等に加減する提案（質問8-2），適用指針の適用による変更を会計基準等の改正に伴う会計方針の変更としての取り扱い，過年度の連結および個別財務諸表に遡及適用せず特定の経過的取扱いとして適用初年度の期首の影響額を利益剰余金等に加減する提案（質問8-3）については，本適用指針案を会計方針の変更と見る意見（当該年度の期首に遡って適用による影響額を期首の利益剰余金等に加減）と見積りの変更と解釈する意見（損益として取り扱う）とに分かれた。

④ その他の意見

「その他の意見」として多く寄せられたのは、「監査委員会報告第66号」では、将来の課税所得を見積る際の業績予測において事業計画や経営計画が「原則として、取締役会等の承認を得たものが必要である」と規定されていたところ、公開草案では当該文言が削除されたことに関する反対意見であった。これらの見解の趣旨は、内部チェックが不十分な資料に基づく会計上の見積りを可能とすることとなり適当ではないというものである。他に、「タックス・プランニング」「スケジューリング」という用語を定義すべきであるという意見、「スケジューリング可能な一時差異」を定義して、それ以外を「スケジューリング不能な一時差異」とするのが適当であるという意見等が見られた。

3.2 公開草案からの変更点

寄せられたコメントを踏まえて公開草案から「適用指針第26号」の公表までに変更された点は、**図表1-4**においてアンダーラインで強調したとおりである。すなわち、①分類2および分類3において、将来減算一時差異に係る繰延資産の計上に際して原則とは異なる取扱いを容認する場合の「合理的に説明できる場合」という表現が「企業が合理的な根拠をもって説明する場合」に変更された（21項、24項、28項、29項）。これは、企業の検討に基づき適用する場合にのみ原則とは異なる扱いを容認するという意図を明確にするために、検討を行う主体が企業であることを明示するとともに、当該検討においては根拠が必要であることを明らかにするための表現の変更である（78項）。②分類3に区分される要件に「なお、(1)における課税所得から臨時的な原因により生じたものを除いた数値は、負の値となる場合を含む。」というなお書きが加えられた（22項）。③将来の課税所得の見積りにあたって用いられる情報は、「適切な権限を有する機関の承認を得た」ことが追記された（32項）。そして、④適用初年度の扱いとしては、「本適用指針の適用初年度の期首において、次の項目を適用することにより、これまでの会計処理と異なる場合には、会計基準等の改正に伴う会計方針の変更として取り扱うこととした。」と下線部分を加筆修正したうえで、分類2から分類4までにおいて会計方針の変更として取り扱う項目を特定している（第49項(3)、122項）。

図表1-4 公開草案から

	分 類 要 件
「公開草案」	（分類2） ●（分類4）の要件を満たしても，将来において5年超にわたり一時差異等加減算前課税所得が安定的に生じることが**合理的に説明できる場合**，（分類2）として扱う。 ●スケジューリング不能な将来減算一時差異のうち，（中略）将来のいずれかの時点で回収できることを**合理的に説明できる場合**，当該スケジューリング不能な将来減算一時差異に係る繰延税金資産は回収可能性があるものとする。（分類3） ●（分類4）の要件を満たしても，将来においておおむね3年から5年程度は一時差異等加減算前課税所得が生じることが**合理的に説明できる場合**，（分類3）として扱う。
「適用指針第26号」	（分類2） ●（分類4）の要件を満たしても，将来において5年超にわたり一時差異等加減算前課税所得が安定的に生じることを企業が**合理的な根拠をもって説明する場合**，（分類2）として扱う。 ●スケジューリング不能な将来減算一時差異のうち，（中略）将来のいずれかの時点で回収できることを，**企業が合理的な根拠をもって説明する場合**，当該スケジューリング不能な将来減算一時差異に係る繰延税金資産は回収可能性があるものとする。 （分類3） ●（分類4）の要件を満たしても，将来においておおむね3年から5年程度は一時差異等加減算前課税所得が生じることを**企業が合理的な根拠をもって説明する場合**，（分類3）として扱う。

（出所）　公開草案および「適用指針第26号」に基づいて著者作成。

　このように「適用指針第26号」の特徴は，「監査委員会報告第66号」の枠組みを踏襲することを前提としながらも，必要に応じて見直しを行っている点にある。そのポイントは，繰延税金資産の回収可能性の判断において原則とは異なる取扱いを容認することにより，企業の実態に即した会計処理がなされることを意図しているところにある。これにより，従来とは異なる企業分類に区分されるケースや課税所得の見積期間が従来よりも長くなる場合が生じる。その結果，企業分類によっては従来よりも繰延税金資産の計上額が大きくなることも想定される。これにより，一方では企業にとっては合理的な根拠に基づく主体的な説明が求められることとなり，他方では近年漸増しているIFRSの任意適用においてIAS12との主要な運用上の差異が解消されるというメリットも期待される。

「適用指針第26号」への変更点

課税所得の見積り	業績予測に用いる情報	適用初年度の扱い
（分類3）①過去（3年）及び当期において，臨時的な原因により生じたものを除いた課税所得が大きく増減している。 ②過去（3年）及び当期のいずれの事業年度においても重要な税務上の欠損金が生じていない。	繰延税金資産の計上に際しては，業績予測の前提となった数値を用いる。	本適用指針の適用初年度においては，会計基準等の改正に伴う会計方針の変更として取り扱う。
（分類3） ①過去（3年）及び当期において，臨時的な原因により生じたものを除いた課税所得が大きく増減している。なお，①における課税所得から臨時的な原因により生じたものを除いた数値は，**負の値となる場合を含む。** ②過去（3年）及び当期のいずれの事業年度においても重要な税務上の欠損金が生じていない。	繰延税金資産の計上に際しては，**適切な権限を有する機関の承認を得た業績予測**の前提となった数値を用いる。	本適用指針の適用初年度の**期首において，次の項目を適用することにより，これまでの会計処理と異なる場合**には，会計基準等の改正に伴う会計方針の変更として取り扱うこととした。（分類2から分類4までにおいて会計方針の変更として取り扱う項目を特定している。）

　また，「適用指針第26号」の公表によって，繰延税金資産の計上における企業による判断の余地が広がることは，当該資産に係る注記についての再検討を促すことにつながる。公開草案に寄せられた注記に関するコメントを見る限り，財務諸表の利用者からは，課税所得の見積可能期間，評価性引当額の内訳，税務上の重要な繰越欠損金に関するより詳細な情報等が求められている。また，繰延税金資産として計上された金額の回収可能性については，その性質上，不確実性は避けられないことから，将来のリスク情報としての開示も一考を要するものと解される。

4. 税効果会計の注記に関する課題

4.1 日本基準とIFRSの比較

IFRSにおいては，IAS 1「財務諸表の表示（Presentation of Financial Statements）」（以下，IAS 1という。）が，財務諸表の表示および開示を包括的に定めている。IAS 1は，注記の役割について次のように述べている（IAS 1, para.112）。(a)財務諸表の作成の基礎および使用した具体的な会計方針に関する情報を開示する。(b)IFRSで要求している情報のうち，財務諸表のどこにも表示されていないものを開示する。(c)財務諸表のどこにも表示されていないが，財務諸表の理解に関連性のある情報を提供する。

そして，重要な会計方針の開示については，企業は重要な会計方針または他の注記とともに，見積りを伴う判断とは別に，経営者が当該企業の会計方針を適用する過程で行った判断のうち，財務諸表に計上されている金額に最も重要な影響を与えているものを開示しなければならないとされている（IAS 1, para.122）。見積りを伴う判断については，企業は，報告期間の末日における，将来に関して行う仮定および見積りの不確実性の他の主要な発生要因のうち，翌事業年度中に資産および負債の帳簿価額に重要性のある修正を生じる重要なリスクがあるものに関する情報を開示しなければならないと述べたうえで，当該資産および負債に関して，その内容と報告期間の期末日現在の帳簿価額の詳細を記載することを要求している（IAS 1, para.125）。

また，第125項に従って開示される仮定およびその他の不確実性の発生要因は，経営者の最も困難な，主観的または複雑な判断が必要となる見積りに関連するものであると述べられており（IAS 1, para.127），繰延税金資産はまさにここで述べられているところの見積りの不確実性の発生要因に該当する項目であることは明らかである。後述するIFRS任意適用会社の事例においても，多くの企業において繰延税金資産の回収可能性に関する重要な会計方針および見積りの不確実性の主要な発生要因としての開示がなされている。なお，IAS 1に関する結論の根拠においては，重要な会計方針の例に法人所得税の会計方針が示されている（IAS 1, BC, para.76F）。

図表1-5 「税効果会計基準」と「IAS12」における注記の範囲

税効果会計基準 (「税効果会計基準」第四)	IAS12 (paras.79-82A)
1．繰延税金資産及び繰延税金負債の発生原因別の主な内訳 　繰延税金資産から控除した金額は，評価性引当額等の名称を付して繰延税金資産合計額から一括して控除する形式によることができる（「個別税効果実務指針」30項）。 2．税引前当期純利益又は税金等調整前当期純利益に対する法人税等（法人税等調整額を含む。）の比率と法定実効税率との間に重要な差異があるときは，当該差異の原因となった主要な項目別の内訳 3．税率の変更により繰延税金資産及び繰延税金負債の金額が修正されたときは，その旨及び修正額 4．決算日後に税率の変更があった場合には，その内容及びその影響	・税金費用（収益）の主要な内訳 ・税金費用（収益）の内訳に含まれる項目（一時差異の発生と解消に係る繰延税金費用（収益）を含む8項目が記載されている。） ・資本に直接計上した項目に係る当期税金及び繰延税金の合計額 ・その他の包括利益の内訳項目に係る法人所得税の金額 ・1つもしくは2つの様式による税金費用（収益）と会計上の利益との関係の説明（適用税率の計算根拠も併せて開示） ・前期と比較した適用税率の変動の説明 ・繰延税金資産及び繰延税金負債を認識していない一時差異，税務上の繰越欠損金及び繰越税額控除の額（及び，もしあれば失効日） ・非継続事業に関する税金費用 ・企業が取得企業である企業結合により，取得前の繰延税金資産について認識した金額の変動額 ・企業結合で取得した繰延税金便益を取得日の時点では認識しなかったが，取得分後に認識する場合には，繰延税金便益を認識する原因となった事象または状況変化の説明 ・繰延税金資産の計上が現存の将来加算一時差異を上回る将来の課税所得の有無に依存しており，かつ当期又は前期に損失を計上している場合の，繰延税金資産の金額とその認識の根拠となる証拠の内容 ・特定の場合において，株主への配当の支払いにより生じる法人所得税への潜在的な影響の内容 ・その他

（出所）「税効果会計基準」および「IAS12」に基づいて著者作成。

一方で，日本においてはIAS 1のような会計基準は存在しないものの，重要な会計方針の開示を求める規定が，財務諸表等規則第8条の2，連結財務諸表等規則第13条第5項および一部の会計基準において定められている。

重要な会計方針の開示や見積りの不確実性に関する開示を除いた日本基準とIAS12の主な注記事項を比較したものが，**図表1-5**である。ここから明らかなように，繰延税金に加えて当期の法人所得税に関する取扱いが示されていることもあり，「税効果会計基準」に比べてIAS12の方が注記として要求される情報量が多くなっている。「監査委員会報告第66号」をはじめとする詳細なガイダンスの洗礼を受けていることも，「税効果会計基準」で要請される注記の量や内容と関係していると推察される。

4.2　IFRS任意適用会社の開示事例

JICPA会計制度委員会が，2014年3月期までにIFRSを任意適用している27社を対象として，「経営者が会計方針を適用する過程で行った判断」と「見積りの不確実性の発生原因」に記載している項目について調査した結果によれば，「繰延税金資産の回収可能性」は23社が記載しており，記載のあった25項目のうち最多であった。続いて，「減損（のれん及び無形資産）」「確定給付債務の測定」の記載が多く見られ，それぞれ20社であった（JICPA（2014）p.20）。

2015年3月期以降にIFRSを任意適用した39社について，有価証券報告書もしくは決算短信に基づいて繰延税金資産に関する注記の有無を調べたところ，「重要な会計方針」と「重要な会計上の見積り及び判断」の両方に記載があったのが37社，前者のみに記載のあった会社が1社，両方において記載が確認できなかった会社が1社であった。なお，2013年12月と2014年6月に「IFRSを適用している新規上場会社の新規上場申請のための有価証券報告書」をそれぞれ提出した2社については，いずれも両方に繰延税金資産に関する注記がみられた。したがって，2015年8月現在において，IFRS任意適用会社68社中62社が，翌連結会計年度において重要な修正をもたらすリスクのある仮定および見積りの不確実性に関する情報として繰延税金資産の回収可能性に関する説明を開示していることとなる。

また，IFRS任意適用会社から任意に抽出した18社の有価証券報告書によれ

ば,「法人所得税」に関する注記項目の例(具体的な数値等は除く)は,概ね**図表1-6**のとおりであった。これに対して,日本基準に基づく注記項目の例(具体的な数値等は除く)は「税効果会計基準」および連結財務諸表等規則に基づく注記内容となっており,**図表1-7**に示すとおりであった。なお,当該基準では,決算日後に税率の変更があった場合には,その内容およびその影響が注記として追加開示される。

いずれの基準においても,繰延税金資産の計上額は経営者の判断と見積りに依存する側面が大きく,なおかつその回収可能性については毎期の見直しを要する項目でもあることから,不確実性の発生要因となる資産といえる。「適用

図表1-6　IFRS任意適用会社の注記項目例

(1) 繰延税金資産及び繰延税金負債
　① 繰延税金資産及び繰延税金負債の主な発生原因別内訳
　② 繰延税金資産及び繰延税金負債の変動の内容
　③ 繰延税金資産を認識していない一時差異等(将来減算一時差異と繰越欠損金)
　④ 繰延税金資産を認識していない繰越欠損金に執行期限別内訳
(2) 法人所得税費用
　① 法人所得税費用の内訳(当期法人所得税と繰延法人所得税)
　② その他の包括利益に係る法人所得税
　③ 法定税率と実効税率の差異の原因となった項目の内訳

(出所)　各社の有価証券報告書に基づいて著者作成。

図表1-7　日本基準にもとづく注記項目例

1. 繰延税金資産及び繰延税金負債の発生の主な原因別の内訳
　評価性引当額
　再評価に係る繰延税金資産及び繰延税金負債の内訳
2. 法定実効税率と税効果会計適用後の法人税等の負担率との間に重要な差異があるときの,原因となった主要な項目別の内訳
3. 法人税等の税率の変更による繰延税金資産及び繰延税金負債の金額の修正
　＊これとは別に,連結包括利益計算書関係の注記として,その他の包括利益に係る組替調整額及び税効果額についての項目ごとに記載されている会社がみられた。

(出所)　各社の有価証券報告書に基づいて著者作成。

指針第26号」の公表により，繰延税金資産の回収可能性については従来に比して企業の実態を反映しやすくなり，当該資産の計上に関する経営者の判断の余地が広がったと解される。これに伴って，繰延税金資産の計上については企業が合理的な根拠をもって主体的に説明することが求められるとともに，利用者にとって必要となる注記内容について速やかに検討することが求められている。

また，日本企業が税効果会計を適用した場合には，会計上の費用認識時点よりも税法上の損金算入時点の方が遅くなることにより将来加算一時差異に比べて将来減算一時差異が多く生じることから，繰延税金資産が繰延税金負債よりも多額に計上されるケースが多くなる。繰延税金資産の計上に関する会計処理のみならず，会計方針の開示や注記の検討に際しても，このような制度上の特性について配慮する必要があると解される。新しい適用指針の方針や日本の税効果会計実務の蓄積を基礎としつつ，国際的な要求レベルを満たす開示の検討が喫緊の課題となっている。

5．おわりに

以上の検討より，明らかとなったことは，以下の2点である。1つは，「適用指針第26号」は従来の「監査委員会報告66号」の枠組みを踏襲しながらも，繰延税金資産の回収可能性に関する判断について，原則とは異なる取扱いを容認することによって企業の実態に即した会計処理がなされることを意図している点である。これにより，従来とは異なる企業分類に区分されるケースや課税所得の見積期間が従来よりも長くなるケースが生じることとなる。とりわけ後者においては，繰延税金資産の計上額が大きくなることも想定されることから，一方では経営者にとっては合理的な根拠に基づく主体的な説明が求められることとなり，他方では近年漸増しているIFRSの任意適用においてIAS12との主要な運用上の差異が解消されるというメリットも期待される。ただし，新適用指針の公表により従来の画一的な実務上の運用から経営者の判断の余地が広げられたとはいえ，繰延税金資産の計上にあたっては回収可能と判断された金額のみが対象となるという税効果会計基準の趣旨に変わりはない。

もう1つは，「適用指針第26号」の公表と連動して検討されるべき注記内容

に関する課題である。公開草案に寄せられた注記に関するコメントを見る限り，財務諸表の利用者からは，課税所得の見積可能期間，評価性引当額の内訳，税務上の重要な繰越欠損金に関する繰越期間をはじめとするより詳細な情報等が求められている。さらには，課税所得の見積りの目安となる会社区分の開示を要請する意見も寄せられている。今後は，新しい適用指針における会計処理に即した注記内容に関するガイダンスが検討されることとなる。また，繰延税金資産については，その性質上不確実性は避けられないことから，IFRSにみられるような会計方針としての開示も検討を要すると解される。

注記の検討に際しては，財務諸表の利用者にとって必要とされる税効果会計に関する注記内容はどのようなものであるのかといった質と量の問題，また財務諸表の作成者にとってコストの負担に見合う注記内容となっているかどうかといったコストとベネフィットの問題を考慮する必要がある。そのうえで，日本の税効果会計実務に即した内容を基礎としつつ，国際的な開示レベルを標榜した注記が当面の課題となる。

注

1 将来の課税所得と相殺可能な繰越欠損金等については，一時差異と同様に取り扱うものとすることから，一時差異及び繰越欠損金等を総称して「一時差異等」という（(「税効果会計に係る会計基準」第二の一の4.））。
2 第1章の「表1」において，これらの規定は「税効果会計基準」に関する会計上の実務指針・監査上の実務指針等としてまとめられている。
3 第16回基準諮問会議（平成24年11月）において「繰延税金資産の回収可能性（JICPA監査委員会報告第66号関連）」に関する新規テーマの提案を受けて，第17回基準諮問会議（平成25年3月）および第18回基準諮問会議（平成25年7月）において検討が行われた。その結果，ASBJに調査の依頼を行うとともにその報告を踏まえたうえで，第19回基準諮問会議（平成25年11月）において「監査委員会報告第66号」の会計処理に関する部分をASBJに移管するとともに，会計制度委員会の実務指針，監査・保証実務委員会の実務指針双方について審議を行うことが適切とされた（第277回基準委員会（2013年12月）審議事項(1)-1）。

参考文献

International Accounting Standards Board (IASB) (2013). *International Accounting Standard 12 (revised 2010) "Income Taxes"*

―――――――――――――――― (IASB) (2015). *International Accounting Stan-*

dard 1 (revised 2015) "Presentation of Financial Statements"

企業会計基準委員会（ASBJ）（2014）第277回企業会計基準委員会審議事項(2)。経団連経済基盤本部（2014）「税効果会計（繰延税金資産の回収可能性）税効果会計（繰延税金資産の回収可能性）に関するアンケートの概要」，2-11頁（企業会計基準委員会（ASBJ）（2014）第293回企業会計基準委員会審議事項(1)-1参考人資料）。
────────────（2015）第326回企業会計基準委員会審議事項(1)-1，(1)-5。
────────────（2015）企業会計基準適用指針公開草案第54号「繰延税金資産の回収可能性に関する適用指針（案）」
────────────（2015）企業会計基準適用指針第26号「繰延税金資産の回収可能性に関する適用指針」
企業会計基準委員会訳（2013）「国際財務報告基準」国際会計基準第12号　法人所得税，中央経済社。
────────────（2013）「国際財務報告基準」国際会計基準第1号　財務諸表の表示，中央経済社。
財務会計基準機構（FASF）基準諮問会議（2013）第17回基準諮問会議資料（4-2）。
────────（FASF）基準諮問会議（2013）第18回基準諮問会議資料(3)-1。
────────（FASF）基準諮問会議（2013）第19回基準諮問会議資料(1)-2。
日本公認会計士協会（JICPA）（2011）会計制度委員会報告第10号「個別財務諸表における税効果会計に関する実務指針」
────────────（2011）会計制度委員会報告第6号「連結財務諸表における税効果会計に関する実務指針」
────────────（2007）会計制度委員会報告第11号「中間財務諸表における税効果会計に関する実務指針」
────────────（2013）会計制度委員会「税効果会計に関するQ&A」
────────────（1999）監査委員会報告第66号「繰延税金資産の回収可能性の判断に関する監査上の取扱い」
────────────（2004）監査委員会報告第70号「その他有価証券の評価差額及び固定資産の減損損失に係る税効果会計の適用における監査上の取扱い」
日本取引所グループ（2016）「IFRS適用済・適用決定会社一覧」http://www.jpx.co.jp/listing/stocks/ifrs/（2016年3月11日閲覧）。

（杉山　晶子）

第 2 章

リース会計基準試案の特徴と課題

◆

1. はじめに

　企業会計基準委員会（ASBJ）は，2006年7月5日に試案「リース取引に関する会計基準（案）」及び試案「リース取引に関する会計基準の適用指針（案）」（以下，「試案」という）を公表した。当該問題の検討には4年の歳月を費やしたが，税務との調整という大きな課題が残されているために，試案というきわめて異例な取扱いとなっている。試案の内容は，会計基準のコンバージェンスに対応するために，所有権移転外ファイナンス・リース取引に関する例外処理（賃貸借処理）を廃止して売買処理に一本化するものであるが，わが国のリース会計実務に大きな変革をもたらすことが予想される。

　他方，国際会計基準審議会（IASB）では，リサーチ・プロジェクトの1項目として，これまで英国の会計基準審議会（UK ASB）が主導的な役割を担って検討作業を進めてきたが，2006年7月に米国の財務会計基準審議会（FASB）との共同プロジェクトとして正式の議題となった。その背景には，現行基準のアプローチはオンバランス基準としては有効に機能しておらず，形骸化を招いている現状がある。その意味で，わが国基準の改定の取組みは国際的動向と整合しているとは必ずしもいえない面がある。

　そこで本章では，リース会計基準をめぐる国際的動向を踏まえて，わが国リース会計基準試案の特徴について整理するとともに，検討すべき課題を若干の私見を交えて言及したい。なお，すでに2007年3月には企業会計基準第13号

「リース取引に関する会計基準」及び企業会計基準適用指針第16号「リース取引の会計基準に関する適用指針（2011年改正）」が公表されているが，試案というきわめて異例なプロセスを踏んでいることから取り上げることにしたい。

2．リース会計の国際的動向

　わが国リース会計基準のコンバージェンスを考えるうえでは，国際的な動向を明らかにすることは重要である。それは現行の国際基準の評価は考慮の対象とはされず，あくまでも形式面での整合性に焦点が当てられているからである。IASBの定款第2条では，コンバージェンスとは「公共の利益のために，高品質で，理解可能で，かつ実行可能な単一の国際的な会計基準を策定すること。」と謳われているが，現行リース会計基準はその要請に応えているとはいえない。

　周知のように，米国のリース会計基準は細則主義アプローチ（rules-based approach）の典型例として，比較可能性や透明性の観点から問題があると批判されている。細則主義とは，会計基準の適用に関するあらゆる事態に対応できるように，詳細かつ網羅的にルールを設定することであり，それは財務諸表の利用者の裁量の余地を狭めて比較可能性を高めることを意図していた。

　しかし，それは必然的に明確な線引き基準，例外規定，さらには多くの実務指針が設けられる結果となり，会計基準の複雑化・形骸化を招いてきた。そして，エンロン事件に代表されるように，一連の会計不祥事を引き起こした原因が細則主義にあるとの反省から，2002年7月に成立したサーベインズ・オクスリー法（Sarbanes-Oxley Act）の要請で原則主義アプローチ（principles-based approach）への回帰が提唱されたことは記憶に新しい（FASC（2003），FASB（2002））。

　このような状況のもとで，2005年6月に米国証券取引委員会（SEC）から「2002年サーベインズ・オクスリー法第401条（C）に基づく，オフバランスシート処理，SPE及び企業の財務諸表の透明性についての報告並びに勧告」（以下，「SECスタッフレポート」という）が公表された（US SEC（2005））。そこでは，財務報告の透明性を確保するために障害となっているオフバランスシート取引の会計問題の検討が勧告されているが，その1つにリース会計が取り上げられ

て，その早急な見直しが求められた。

　当該問題がサーベインズ・オクスリー法との関連性で取り上げられている意味は重要であるが，そこにはオフバランス処理されているオペレーティング・リース取引の経済的影響の深刻さが見え隠れする。SECスタッフレポートでは，現行の数値基準テスト（blight line test）を廃止して実質基準を採用することが提案されているが，これは上述の原則主義に回帰すべきとするサーベインズ・オクスリー法の主張とも相通ずるものと解される。

　また，IASBではリース会計を改定するプロジェクトを正式な議題に加えたが，これはFASBとの間で2006年2月に公表された基準統合へ向けた覚書（MoU）において，解決に長期を要する11の戦略テーマの1つとして基準開発に取り組むという決定を受けたものである。IASBとFASBは，財務諸表の作成者，監査人，利用者や有識者などから構成される共同の国際ワーキンググループ（Joint International Working Group）を組織したうえで包括的な再検討を行い，2008年にディスカッション・ペーパーの公表する予定である。

　当該プロジェクトは，現行基準を全面的に見直して，すべてのリース契約を借手および貸手の財務諸表で認識する方向で改定することを目指すものである。このアプローチは2000年2月に公表されたG4+1のポジション・ペーパー「リース：新たなアプローチの実施－リース契約のもとで生ずる資産及び負債に関する賃借人の認識－」をベースとしており（Nailor and Lennard（2000））[注1]，IASBにおいてもその作成に携わった英国の会計基準審議会（UK ASB）が中心となって2003年から主要論点の検討・整理を行ってきた（**図表2－1**）。

　UK ASBから提案されたアプローチを要約すると，次のとおりである。資産の所有権に伴うリスクと経済価値の実質的な移転（リスク・経済価値アプローチ）に基づいてファイナンス・リースとオペレーティング・リースを区別して，全く異なる会計処理を要求する現行基準よりも，ファイナンス・リース及びオペレーティング・リースとして保有されている資産の双方に対して適用できる首尾一貫した資産・負債の認識原則を採用することが，財務情報の目的適合的性，信頼性，比較可能性という観点からも優れている。リースによる契約上の権利・義務（contractual rights and obligations）から発生する資産・負債は，物理的な資産の全体が移転するというよりも，リース期間中において使

図表 2-1　IASB におけるリースの検討状況

リエゾン国第4回・第5回会議（2002年5月・10月）	リサーチ・プロジェクトの提案
IASB 第24回会議（2003年5月）	UK ASB によるプロジェクト・プランの提案
IASB 第29回会議（2003年11月）	リース契約から生じる資産および負債の分析のための概念的モデルの検討
IASB 第31回・第34回会議（2004年1月・4月）	借手が解約選択権と更新選択権を有する場合の当初認識及び変動リース料の取扱い
IASB 第36回会議（2004年6月）	借手の認識した資産・負債のリース期間における会計処理及び損益計算書の表示
IASB 第40回会議（2004年11月）	リース資産・負債と IFRS のその他の基準における資産・負債の会計処理との異同点の分析
IASB 第55回会議（2006年3月）	正式なプロジェクトのための方向性の確認
IASB 第59回会議（2006年7月）	FASB との共同プロジェクトとして正式の議題となる

資料：筆者が作成。

用権とそれに関連する将来の経済価値に対する支配の移転が行われたことを表しており，この将来の経済価値に関する権利の移転を中心に概念モデルを構築する（IASB（2003））[注2]。

このように，国際的には現行基準の全面的な見直しが今後加速化することになる。その内容は，すべての解約不能リースのオンバランスという原則主義に沿ったものと一見捉えられるが，適用段階で構成要素アプローチなどが採用されることになれば，それは再び細則主義化へと繋がるという二重構造を内包している。この意味からも，新たな会計基準の実現には紆余曲折が予想される。

3．リース会計基準の改定論議と試案の特徴

わが国リース会計基準の改定問題は，2001年11月に開催された ASBJ の第1回テーマ協議会で，比較的優先順位の高い短期的テーマの1つとして議論の俎上に載せられた。ASBJ はその理由について，以下のように述べている（企業

会計基準委員会（2001））。

「現在，例外的に認められている所有権移転外ファイナンス・リースの賃貸借処理（オフバランス処理）は，国際的にも例がない会計処理にもかかわらず，わが国における主流となっている。このようなオフバランス処理は，固定資産の減損会計導入時にも障害となると予想され，会計処理の再検討が必要である。」

それを受けて，2002年7月に当該問題を検討するためにリース会計専門委員会が設置された。その目的は，「所有権移転外ファイナンス・リースの賃貸借処理」の廃止問題であり，国際的なリース会計の動向並びに国内の実務慣行等も踏まえた検討を行うことであった。

しかし，リース専門委員会における審議は，今回の試案の公表まで4年を要したことからもわかるように難航を極めたといえる。その構図は**図表2－2**に示すように，ASBJとリース業界の間で基準の趣旨と取引の実態をめぐって大きな温度差が見られることが原因であり，米国とはその状況は異なるがリース

図表2－2　わが国リース会計基準をめぐる対立の構図

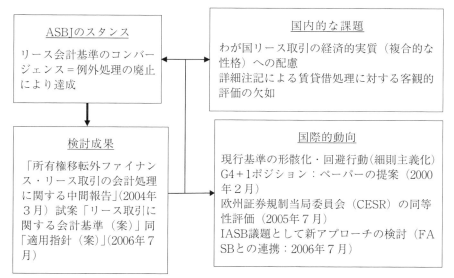

資料：筆者が作成。

会計問題の複雑さを物語っている。

　そして，現在の審議の対象はあくまでも現行の国際基準との整合性に焦点が置かれており，IASB で検討される全面的見直しについては中長期的テーマ（レベル２）として位置づけられているに過ぎない。しかし，IASB と FASB の共同プロジェクトが今後本格化するなかで，その進捗度によってはわが国の改定問題にも大きな影響を与えるだけに，適用時期を慎重に見極めるべきとの意見も出てくる可能性がある。

　試案の会計処理を要約すれば，**図表２－３**のように整理される[注3]。試案の最大の特徴は，所有権移転外ファイナンス・リース取引は，所有権移転ファイナンス・リース取引とは経済的に異なる性質を有すると考えて，改正前会計基準と同様に両者を区分しているが，会計処理面では所有権の移転の有無にかかわらず通常の売買処理に準じた会計処理に一本化したことである（会計基準案８項）。これにより，所有権移転外ファイナンス・リース取引に容認されていた詳細注記を条件とした賃貸借処理の余地はなくなり，形式上は国際基準との整合性が図られることになる。

　また，ファイナンス・リース取引の判定基準についても，改正前実務指針に比べると判定フローの変更が行われている。すなわち，現在価値基準と経済的耐用年数基準を満たすものをファイナンス・リース取引としたうえで，「所有権移転条項付リース」，「割安購入選択権付リース」および「特別仕様物件リース」のいずれかに該当するものを所有権移転ファイナンス・リース取引として，それ以外を所有権移転外ファイナンス・リース取引として規定している（適用指針案９項，10項）。

　もう１点は，借手における重要性の判断基準である。これは，リース資産総額に重要性がないと認められる場合と個々の資産に重要性がないと認められる場合に区分される。前者は，未経過リース料期末残高が当該期末残高，有形固定資産及び無形固定資産の期末残高の合計額に占める割合が10パーセント未満である場合には重要性がないと判断して売買処理は行うが，利息相当額については簡便法として，①リース料総額から控除しない方法，②定額法で費用配分する方法を容認している。他方後者は，少額資産（１契約当たり300万円以下）や短期リース（１年以内）等については，オペレーティング・リース取引に準

図表2-3　リース会計基準試案における会計処理

基本原則	ファイナンス・リース取引については，通常の売買取引に係る方法に準じて会計処理を行う。	
判定基準	次の2要件のいずれかを満たす場合，ファイナンス・リース取引とする 1．現在価値基準（概ね90パーセント基準） 2．経済的耐用年数基準（概ね75パーセント基準）	
会計処理	借手側	貸手側
	リース取引時にリース物件とこれに係る債務をリース資産及びリース債務として計上する。 その計上額は，所有権移転ファイナンス・リース取引では，当該リース物件の貸手の購入価額が明らかな場合には当該価額で，明らかでない場合にはリース料総額の現在価値と見積現金購入価額とのいずれか低い額による。 所有権移転外ファイナンス・リース取引では，当該リース物件の貸手の購入価額が明らかな場合には現在価値と貸手の購入価額等とのいずれか低い額で，明らかでない場合には現在価値と見積現金購入価額とのいずれか低い額による。	リース取引開始時に所有権移転ファイナンス・リース取引はリース債権として，所有権移転外ファイナンス・リース取引はリース投資資産として計上する。具体的には，以下のいずれかを選択適用できる。 ・リース取引開始時に売上高と売上原価を計上する方法 ・リース料受取時に売上高と売上原価を計上する方法 ・売上高を計上せずに利息相当額を各期に配分する方法
利息相当額の取扱い	所有権移転ファイナンス・リース取引では，一種の金融取引と考えられるために利息法によりリース期間に配分される。所有権移転外ファイナンス・リース取引については，複合的な性格を有するために利息法により費用配分することは一義的に決まるわけではないとしながらも，改正前実務指針を踏襲して利息法を原則とする。	所有権移転ファイナンス・リース取引は，リース物件の売却とリース債権の回収取引と考えられるので，利息法により受取利息相当分を配分する。所有権移転外ファイナンス・リース取引は，金融的側面を重視すると利息法が整合的であるので，これを原則とする。
償却	所有権移転ファイナンス・リース取引では，自己所有の固定資産と同一の方法により算定し，耐用年数は経済的使用可能予測期間とする。所有権移転外ファイナンス・リース取引では，償却期間はリース期間とし，残存価額はゼロとして，企業の実態	

	に応じた償却方法を選択適用できるとしており，自己所有の固定資産との整合性を必ずしも要求していない。	
重要性の判断基準	①リース資産総額に重要性がない場合〔所有権移転外ファイナンス・リース取引〕：簡便法として選択適用が可能。 ・リース料総額から利息相当額を控除しない方法 ・利息相当額を定額法で配分する方法 ②個々のリースに重要性がない場合〔所有権移転ファイナンス・リース取引・所有権移転外ファイナンス・リース取引〕：簡便法としてオペレーティング・リース取引に準じて賃貸借処理が可能。 ・購入時に費用処理されている減価償却資産に関するリース取引 ・1年以内のリース取引 ・リース契約1件当たり300万円以下のリース取引	貸手としてのリース取引に重要性がない場合，利息相当額を定額法で配分することができる。 ただし，リース取引を主たる事業とする会社は適用できない。
表　示	リース資産は，原則として有形固定資産，無形固定資産の別に一括してリース資産として表示する。リース債務は，ワンイヤールールで表示する。	リース債権及びリース投資資産は流動資産に表示する。
注　記	リース資産は，主な資産の種類等及び減価償却方法を，リース債務は，貸借対照表日後5年以内における1年後との返済予定額及び5年超の返済予定額を注記する。	リース投資資産は，リース料債権部分と見積残存価額の金額並びに受取利息相当額を注記する。貸借対照表日後5年以内におけるリース債権とリース投資資産のリース料債権部分は，1年後との回収予定額及び5年超の回収予定額を注記する。

資料：試案「会計基準（案）」及び「適用指針（案）」を基に筆者が作成。

じた会計処理を容認しており，改正前会計基準を踏襲してオフバランスの対象とされる。いずれも例外的な処理として規定されているが，実務への影響はどの程度の企業が適用対象となるかによって大きく左右されることになる。

　なお，試案は上場企業と会社法上の大会社に適用することになり，中小企業については「中小企業の会計に関する指針」で対応することとしているが，そ

の影響が大きいことが予想されるだけにその取扱いにも注目が集まる。

4．試案における検討課題

　試案には検討すべきいくつかの課題があるが，紙幅の関係上3点だけ指摘したい。

　第1点は，ファイナンス・リース取引の判定基準にかかわる問題である。前述のように，適用指針案では判定フローを変更して，従来は所有権移転外ファイナンス・リース取引に適用されていた現在価値基準と経済的耐用年数基準という数値基準を，ファイナンス・リース取引の識別基準に据えたうえで所有権移転と所有権移転外に区分している。現在価値基準については「解約不能のリース期間中のリース料総額が，当該リース物件を借手が現金で購入するものと仮定した場合の合理的見積額の概ね90パーセント以上であること」，経済的耐用年数基準については「解約不能のリース期間が，当該リース物件の経済的耐用年数の概ね75パーセント以上であること」（リース会計基準案9項）と規定されている。

　ここで問題となるのは，現在価値基準と経済的耐用年数基準における「概ね90パーセント以上，概ね75パーセント以上」の取扱いである。適用指針では「概ね」の理由として，「相当程度見積りに基づく判定基準に幅を持たせているためである」として，「88％や73％でも実質的にフルペイアウトと考えられる場合には，ファイナンス・リース取引と判定されることになる。」（適用指針案83項）と説明されている。したがって，その具体的な判断は会計監査人に委ねられることになるが，その判断には裁量の余地があり，その根拠も必ずしも論理的とはいえない。

　たとえば，借手が現在価値基準を適用する場合において，現在価値の算定に用いる割引率は，貸手の計算利子率を知りえない場合には，借手が割引率を見積ることが必要となる。その割引率にも適用指針でも例示されているようにいくつかの選択肢があり[注4]，それによって現在価値の金額も当然異なってくる。そうなると計算上すでに見積りが存在しているのに，ファイナンス・リース取引であるか否かの具体的基準の段階においても判断を介入させることになる。

それは経済的耐用年数基準のケースでも同様であり、いずれも客観性の観点から問題がある。

ASBJでは、米国に代表されるようにファイナンス・リース取引の逸脱行為を防ぐこともその根拠として指摘しているが、その行為を防ぐことに焦点を当てた議論ではなく、重要なことは取引の本質は何かということである。すなわち、米国のリース会計基準に代表されるように、数値基準として現在価値基準では90パーセント以上、経済的耐用年数基準では75パーセント以上の場合に、フルペイアウトの要件を満たすとしてファイナンス・リース取引と判断することが基本ルールである。その意味で、そのルール自体に判断の余地を与えることはフルペイアウトの拡大解釈にも繋がり、基準の厳格な適用を阻害するとともに実務の混乱を引き起こしかねない。前述のように、「明確な線引き基準」は会計基準の細則主義化の産物であるとの指摘もあるが、現行基準との整合性を第一義的に考えるならば、「概ね」という表現を削除して判定基準としてのルールの明確化を図るべきであろう[注5]。

第2点は、所有権移転外ファイナンス・リース取引の複合的性格に関する会計処理面の取扱いである。これは、ASBJの審議過程でもリース取引の経済的実質として議論の対象とされた問題である。わが国のリース取引は、金融的側面よりも「物融」と称されるように賃貸借性が強い点や、リース期間中の管理業務、終了後の廃棄義務、再リースの実施など、リース会社の所有権者としての要素が強い点が特徴とされている。

試案においても、所有権移転外ファイナンス・リース取引は、「①経済的にはリース物件の売買及び類似の性格を有する一方で、法的には賃貸借の性格も有し、また、役務提供が組み込まれる場合が多く、複合的な性格を有する、②リース物件の耐用年数とリース期間は異なる場合が多く、また、リース物件の返還が行われるため、物件そのものの売買というよりも使用する権利の売買の性格を有する。」（会計基準案34項）として、諸外国のリース取引とはその実態が異なるとの共通認識を示している。したがって、試案においてわが国のリース取引の複合的性格がどのように組み込まれているかが重要なポイントになるが、減価償却方法や利息相当額の取扱いでそれを反映させているにすぎない。

たとえば、利息相当額の総額は、原則としてリース期間にわたり利息法によ

り配分するとして，リース資産総額に重要性がないと判断された場合（10％未満）にのみ簡便法として定額法の採用を認めている。しかし，所有権移転外ファイナンス・リース取引を複合的な性格を有するものと捉えるならば，金融的な側面を重視した利息法を原則とすることは論理的な整合性に欠ける。それは重要性の有無と直接関連する問題ではなく，当該リース物件が金融的な側面が強いのか，あるいは賃貸借やサービスの側面が強いのかを判断基準とすべきであり，後者の場合（例：商業用設備，情報関連設備）であれば定額法で処理することが実態に即した方法と考えられる。それによって，現行リース税制の支払リース料の処理との調整も可能となり，結果として借手の事務負担も軽減されることになる。このような意味で，定額法の取扱いについては再検討すべき余地がある。

　第3点は，会計基準の変更による経済的影響である。試案のように売買処理が採用されれば，財務諸表や借手のリース利用に対する影響が当然生じる。損益計算書への影響としては，借手の場合には利息相当額の期間配分パターン（定額から逓減）の変更や減価償却費および支払利息の計上により，損益認識のタイミングや計上の金額・段階に変更が生ずることになるが，全体的な影響は軽微である。他方，貸借対照表への影響としては，売買処理によりリース資産・リース債務の計上による資産・負債の増加と，それに伴う総資産額の増加が見込まれる。この結果，負債比率の上昇と総資産利益率（ROA）の低下を招いて，借手の財務内容の悪化をもたらすことになる。

　そのために，ファイナンス・リースからオペレーティング・リースへシフトしたり，あるいはリースの利用を控えて購入を選択する経営者行動に繋がり，それがリース離れの一因になることも考えられる。少なくとも，わが国では企業の重要な設備投資手段として定着している状況のなかで，リースの利便性の消失やシステム対応・事務処理の煩雑化は避けられない。特に，上場企業に比べて会計基準の変更の影響が大きい中小企業については深刻な問題だけに，中小企業会計指針を拠り所として適用除外を含めた明確な方向性を打ち出すことが求められる。

5．おわりに

　本章では，リース会計基準試案の特徴と課題について，国際的動向にも言及しながら考察を加えた。試案には一定の評価が与えられる反面，判定基準の解釈，わが国リース取引の複合的性格の取扱い，さらには中小企業に対する適用問題など多くの課題が残されている。

　さらに，試案という取扱いの理由である税務との調整が当面の最重要課題である。今後，税務当局を含め関係省庁との間で税制上の取扱いの検討が想定されるが，現行税制（賃貸借扱い）が維持されるのか，あるいは会計上の変更に合わせて売買扱いになるのかが焦点となる。いずれの方向に向かうかは現時点では不透明であるが，前者であれば会計と税務で差異が生じて申告調整が必要となり，後者であれば税務上の損金メリットの喪失とともに，支払リース料の税制上の取扱いを減価償却費に切り替えて，リース期間での前倒しが認められるかが論点となる。また，法人税だけではなく，消費税等への影響も考慮されなければならない。このように，税務への波及を考えると，少なくともわが国リース取引が今日まで発展を遂げてきた制度的基盤を十分に斟酌した会計上の対応が必要となる。

　ASBJは会計基準の設定に関わることがその任務であり，税務上の取扱いについては中立との立場を貫いている。しかし，会計と税務がリンクするわが国の制度的現実に対応できないようであれば，会計のインフラの整備も進まないのもまた事実である。それはわが国のリース産業や企業への影響を十分に考慮した会計・税務上の対応がなければ，リース会計基準をめぐる混乱は収束に向かわないことを意味する。

　試案では「基準の改正が行われることにより，現在の国際財務報告基準と平仄が合うことなり，国際的な会計基準間のコンバージェンスに寄与する。」（会計基準案30項）とその意義を示しているが，コンバージェンスのために国際基準との差異を縮小することを追求するだけではなく，日本基準としてのアイデンティティを確保する姿勢も忘れてはならない[注6]。そのためにも，税務問題を含めて試案に寄せられた多くの意見が，基準にどのように反映されることに

なったかを見極める必要があろう。

　いずれにしても，わが国リース会計基準の改定作業はデリケートな問題を抱えているだけに，国際的な動向や見直し時期を慎重に見極めたうえで，実務との調整を踏まえた検討を期待したい[注7]。

付　記

　本章は，初出論文である茅根（2006）「リース会計基準試案の特徴と課題－国際的動向を踏まえて－」『企業会計』第58巻12号，76-84頁をもとに若干の修正を行っている。したがって，当時の議論に焦点が当てられたものである点に留意されたい。現在の動向については，注7に示す通りである。

注

1　ポジション・ペーパーでは，リース取引の本質を資産の購入と同一視するのではなく，「使用権の売買」と捉えて，すべての長期リースについて借手が資産・負債を認識する「資産・負債アプローチ」（asset and liability approach）を採用して，さらに使用権だけではなくそれに付随するオプション（更新選択権，購入選択権，偶発リース料）や残価保証は別個の資産・負債として認識する「構成要素アプローチ」（component approach）を提案している。なお，その詳細については，茅根（2002），加藤（2003）で検討している。

2　IASBにおけるリース会計の検討状況については，茅根（2006）を参照されたい。

3　ASBJでは試案について幅広く関係者からコメントの募集を行った（2006年8月25日締め切り）。コメント提出者は，上場会社24社，非上場会社79社，団体等12社である。そのコメントの詳細は明らかにされていないが，賃貸借処理の廃止には多くの反対意見が寄せられたなかで，日本公認会計士協会や日本証券アナリスト協会は賛成の意見を表明している（『旬刊経理情報』No.1128，2006年10月1日，4頁）。

　　なお，試案の内容は，湯川（2006），小賀坂（2006）で詳述されている。

4　例として新規長期借入金等の利率として，契約時点の利率，契約が行われた月の月初または月末の利率，契約が行われた月の平均利率，契約が行われた半期の平均利率等を挙げている（適用指針案84項）。その他にも，長期プライムレートも検討の対象に加えるべきであろう。

5　この点については，リース事業協会（2006）にも同様な指摘がある。詳細については http://www.leasing.or.jp/studies/kaikei.html/ を参照されたい。

6　この点については，試案でも「リース契約を通じたビジネスの手法が確定決算主義をとる税制と密接に関係してきたため，会計上の情報開示の観点のみでは結論を得ることが難しい課題であった。」（会計基準案28項）と述べているように，わが国リース取引が現行税制に立脚したうえで成立しているビジネスである点では共通認識があると思われる。

7 日本のリース会計基準は，本章で検討した試案，さらには公開草案を経て，2007年3月にASBJから企業会計基準第13号「リース取引に関する会計基準」が公表され，現在に至っている。その一方で，IASBとFASBのリース共同プロジェクトは完了し，2016年1月にIASBはIFRS16号「リース」を，FASBは2016年2月にASU Topics842「リース」をそれぞれ公表しているが，両者の会計処理が異なる点が大きな特徴である。すなわち，IFRS16ではファイナンス・リースとオペレーティング・リースの区分を廃止して，同一のオンバランス処理をする「単一モデル」を採用するのに対して，ASU Topics842では，現行の2つの区分は維持しつつ，双方ともオンバランス処理するが，費用処理については現行の方法に基づく二元モデルを採用している。このような動向に対して，日本基準が今後どのような方向に向かうのかが注目される。

参考文献一覧■

Financial Accounting Standards Board (2002), *Proposal for a principles-based approach to U.S. standard Setting*, FASB.

Financial Accounting Standards Committee (2003), Evaluating concepts-based vs. rules-based approach to standard setting. *Accounting Horizons*, Vol. 17, No. 1.

International Accounting Standards Board (2003), *IASB Update*, November, 7.

Nailor, H. & Lennard, A. (2000), *G4+1 Position Paper : Leases : Implementation of a New Approach*, IASC.

United States Securities and Exchange Commission (2005), *Report and recommendations pursuant to Section401(C) of the Sarbanes-Oxley Act of 2002 on arrangements with Off-Balance sheet implications, special purpose entities, and transparency of filings by issuers.*

加藤久明（2003）「リース・オンバランス化論の再構築—G4＋1のポジション・ペーパーを中心に—」『大阪経大論集』第54巻第4号，85-105頁。

企業会計基準委員会（2001）「第1回テーマ協議会提言書」（11月12日）2頁。

─────（2006）「試案「リース取引に関する会計基準（案）」及び試案「リース取引に関する会計基準の適用指針（案）」」。

小賀坂敦（2006）「解説 試案「リース取引に関する会計基準（案）」及び試案「リース取引に関する会計基準の適用指針（案）」について」『JICPAジャーナル』No. 614, 30-37頁。

茅根 聡（2002）「リース会計基準の行方—G4＋1ポジション・ペーパーの提案に焦点を当てて—」『會計』第16巻第1号，12-27頁。

─────（2006）「リース会計基準の国際的動向とわが国基準改定の意味」『リース研究』2号，1-20頁。

湯川喜雄（2006）「試案「リース取引に関する会計基準（案）」及び試案「リース取引に関する会計基準の適用指針（案）」の解説」『企業会計』第58巻第10号，129-137頁。

リース事業協会（2006）「試案リース取引に関する会計基準（案）及び試案リース取引に関する会計基準の適用指針（案）に対するコメント」（8月25日）。

（茅根　聡）

第 3 章

改正退職給付会計基準の早期適用会社への影響
―適用初年度の有価証券報告書における開示を素材として―

1．はじめに

　企業会計基準委員会（Accounting Standards Board of Japan：ASBJ）は，平成24年（2012年）5月17日に企業会計基準第26号「退職給付に関する会計基準」（以下，「会計基準」という）ならびに企業会計基準適用指針第25号「退職給付に関する会計基準の適用指針」（以下，「適用指針」という）を公表した。平成10年に企業会計基準審議会によって「退職給付に係る会計基準」（以下，「旧会計基準」という。）が設定・公表されて以来の大幅な改正であり，企業を巡る経営環境の変化や，国際会計基準審議会（International Accounting Standards Board：IASB）における退職給付会計を巡る見直しの方向性との整合を図り，もってコンバージェンスを進める観点から公開草案の一部を修正して確定した。

　「会計基準」ならびに「適用指針」は，平成25年4月1日以後に開始する事業年度の年度末に係る財務諸表から適用することとされている。ただし退職給付見込額の期間帰属方法や割引率など，当期純利益に影響する「計算関係」の項目については，「実務上困難な場合」を除いて平成26年4月1日以後に開始する事業年度の期首から適用することになっている（「会計基準」第26号第34項ただし書き）。しかしながら，平成25年4月1日以後開始する事業年度の期首から適用することもできるとされている（同第35項なお書き）。これをいわゆる「早期適用」というが，35社が早期適用に踏み切っていた。

これまで筆者は，会計処理方法の変更点や追加された開示項目など，改正退職給付会計基準の内容や早期適用会社の開示状況の分析を行ってきた（増子，2015a，2015b，2016）。すなわち，増子（2015a）では，まず早期適用を行った会社の特質を明らかにしたうえで，次に増子（2015b）では，会社ごとに適用初年度である平成26年3月期の第1四半期報告における四半期連結財務諸表に着目し，いわゆる「未認識項目」にかかわる項目として会計基準変更に伴うその他の包括利益累計額の増減額や，「計算項目」に係る項目として，①退職給付見込額の期間帰属方法や，②割引率の見直しに関する注記，③期首時点の利益剰余金の増減額及び④損益に与える影響に関する注記，そして⑤第1四半期末時点での四半期貸借対照表における「退職給付に係る負債」などを取り上げた。そして増子（2016）では，平成26年3月期の年度ベースでの有価証券報告書における連結財務諸表に着目し，①適用初年度の連結会計年度の期首における退職給付に係る負債や，②1株当たりの純資産額及び1株当たりの当期純利益，③割引率の開示，及び④長期期待運用収益率に関する開示状況を検討した。本章でも，引き続き改正退職給付会計基準を早期適用した初年度の有価証券報告書を題材に，上記以外の項目に関するさらなる実態分析を行う。

2．退職給付費用

　退職給付費用は，企業年金制度や退職一時金などの退職給付のために当期に属する部分を費用として見積ったものであるが，勤務費用に利息費用を加算し，期待運用収益を控除し，さらに数理計算上の差異及び過去勤務費用に係る当期の費用処理額を加減して算定される。損益計算書上，退職給付費用は原則として売上原価又は販売費及び一般管理費に計上される。ここで損益計算書の「販売費及び一般管理費」に計上されている退職給付費用は，販売部門及び（一般）管理部門に所属する従業員に対する部分のみであり，製造部門に所属する従業員に対する部分は，労務費を構成している。また，売上原価に計上されるのは，あくまで販売された製品に配賦された部分に限られるため，未完成の仕掛品及び完成しても在庫として保管している製品に配賦された部分は棚卸資産の原価を構成しており，資産として次期に繰り越される。つまり，発生した退職給付

費用が当期の期間費用にそのままなるわけではない。

　退職給付費用に関する事項については，改正前の「旧会計基準」の頃より注記事項とされている。それゆえに，早期適用会社の場合には，新旧会計基準それぞれによった場合の退職給付費用を比較することができる。次の**図表3－1**は，適用前年度（平成25年3月期）及び適用初年度（平成26年3月期）における退職給付費用の金額ならびに前年度との増減であるが，主たる営業活動による成果である営業損益と対比することで，退職給付費用の占めるウエイトを明らかにしている。

図表3－1　適用連結会計年度における「退職給付費用」等

（単位百万円，単位未満切り捨て，表中の△は営業損失を意味する）

No.	会　社　名	前連結会計年度の「退職給付費用」　右の（　）は同期間の営業損益	適用連結会計年度の「退職給付費用」　右の（　）は同期間の営業損益
1	シンクレイヤ	141（△209）	195（133）
2	日本サード・パーティ	59（57）	50（81）
3	味の素	10,938（71,232）	10,197（62,548）
4	日清食品ホールディングス	1,770（23,954）	756（27,705）
5	野村総合研究所	7,648（43,967）	7,771（49,816）
6	参天製薬	2,312（24,681）	2,503（27,414）
7	伊藤忠テクノソリューションズ	2,930（27,187）	2,189（23,481）
8	東海ゴム工業（現在は，住友理工に社名変更）	1,974（9,204）	2,341[※1]（13,577）
9	LIXILグループ	4,972（50,485）	7,841（69,079）
10	鉱研工業	37（△160）	41（512）
11	デンソー	38,221（262,376）	28,075（377,696）
12	日東電工	8,769（68,482）	7,956（72,254）
13	川崎重工業	14,269（42,062）	12,987（72,351）
14	島津製作所	4,425（12,116）	4,183（24,018）
15	ヤマハ	8,515（9,215）	7,171（25,994）

No.	会社名	前連結会計年度の「退職給付費用」右の（ ）は同期間の営業損益	適用連結会計年度の「退職給付費用」右の（ ）は同期間の営業損益
16	長瀬産業	2,442（15,578）	3,198（15,789）
17	みちのく銀行	1,427（経常利益3,890）	280（経常利益5,967）
18	MS&ADインシュアランスグループホールディングス	28,301（経常利益150,300）	23,178（経常利益190,259）
19	T&Dホールディングズ	7,803（経常利益151,689）	3,240（経常利益186,224）
20	九州電力	28,271（△299,428）	11,265（△95,821）
21	北海道電力	6,794（△115,493）	6,340（△80,168）
22	因幡電機産業	559（9,431）	338（11,947）
23	日立化成	6,293（23,559）	4,935（27,775）
24	日立金属	7,762（21,079）	7,624（59,536）
25	日立建機	6,977（51,496）	6,568（69,163）
26	日立工機	1,705（6,331）	1,955（4,413）
27	日立国際電気	2,595（6,130）	2,547（16,976）
28	クラリオン	1,156（3,210）	1,294（5,231）
29	日立メディコ		平成26年3月1日に日立製作所の完全子会社となったことに伴い，上場廃止されているため，平成26年3月期の有価証券報告書を作成していない。
30	日立ハイテクノロジーズ	8,610（18,951）	8,650（30,431）
31	日立キャピタル	3,651（25,260）	3,880（32,598）
32	日立物流	3,847（19,535）	5,522（20,992）
33	日立機材	243（1,826）	241（2,727）
34	川重冷熱工業（個別）	250（158）	258（408）
35	ハウス オブ ローゼ（個別）	104（506）	97（622）

※1　特別利益に退職給付信託返還に伴う数理差異償却1,488百万円が計上されている。
※　各社とも割増退職金等を支出している場合には，特別損失に計上された分を除いて算出している。
（出所）　早期適用会社の平成26年3月期有価証券報告書をもとに筆者作成

退職給付費用はさまざまな要因が作用して増減することになるが、上記のように、「会計基準」を適用した初年度の退職給付費用が前年度より減少した会社が34社中21社（61.8社）にも上り、増加している会社は13社に留まっている。また、平成25年3月期と平成26年3月期とで営業利益が増加している会社は29社（営業損失が減少している2社を含む。）と圧倒しており、いわゆるアベノミクスによる景気拡大の恩恵に浴している。会社によって違いがあるものの、退職給付費用は概ね営業利益の10％から15％前後に相当している。退職給付費用が減少し、利益が拡大しているのであるから、退職給付の負担が相対的に軽くなっていることが裏づけられる。

3．退職給付に係る負債（資産）

次に、連結貸借対照表に計上された「退職給付に係る負債」及び「退職給付に係る資産」を取り上げる。退職給付債務から年金資産の額を控除した額（積立状況を示す額）を「退職給付に係る負債」として連結貸借対照表の負債の部の固定負債の区分に計上するが、年金資産の額が退職給付債務を超える場合には、「退職給付に係る資産」として連結貸借対照表の資産の部の固定資産（投資その他の資産）の区分に計上される（「会計基準」第13項、及び同第27項）。旧基準ではそれぞれ「退職給付引当金」、「前払年金費用」と呼ばれていたので、これらを用いて2期間で比較したのが次の**図表3-2**である。

まず、「退職給付に係る負債」が増加した会社は34社中22社（64.8％）と多数を占め、逆に減少した会社は12社（35.2％）となっている。これは、過去勤務費用や数理計算上の差異を即時認識したことに加えて、筆者が別稿において、割引率が下落傾向にあることを指摘した（増子（2016）pp.149-152）。割引率が低くなればそれだけ退職給付債務の金額は大きくなるので、理論どおりの結果である。

一方で、平成25年3月期に「前払年金費用」を計上していた会社は34社中わずか4社（11.8％）であったのに対し、1年後の平成26年3月期には17社（50.0％）に大幅に増えている。これは文字どおり年金資産が増えたためであるが、アベノミクスで株価が急上昇して運用環境が良好したことが背景にある。

図表 3-2　適用初年度末の「退職給付に係る負債」及び「退職給付に係る資産」

(単位：百万円，(-)は計上されず)

No.	会　社　名	前連結事業年度末の「退職給付引当金」右の（　）は「前払年金費用」	適用初年度末の「退職給付に係る負債」右の（　）は「退職給付に係る資産」
1	シンクレイヤ	1,291（-）	1,401（-）
2	日本サード・パーティ	476（-）	350（-）
3	味の素	28,976（-）	61,845（-）
4	日清食品ホールディングス	7,496（-）	6,290（-）
5	野村総合研究所	17,964（-）	4,542（20,304）
6	参天製薬	3,664（-）	5,400（-）
7	伊藤忠テクノソリューションズ	575（3,187）	490（1,950）
8	東海ゴム工業（現在は，住友理工に社名変更）	4,257（-）	6,943（7,817）
9	LIXIL グループ	12,749（-）	25,016（1,863）
10	鉱研工業	641（-）	528（-）
11	デンソー	197,248（82,787）	200,271（125,945）
12	日東電工	19,757（10,424）	33,723（-）
13	川崎重工業	62,300（-）	97,048（1,444）
14	島津製作所	13,916（-）	16,699（-）
15	ヤマハ	41,148（-）	36,450（4）
16	長瀬産業	10,283（-）	11,875（113）
17	みちのく銀行	3,029（-）	5,57（9,709）
18	MS&ADインシュアランスグループホールディングス	111,130（-）	157,277（49,123）
19	T&D ホールディングス	59,249（-）	51,656（-）
20	九州電力	163,875（-）	51,237（239）
21	北海道電力	46,706（-）	38,436（15,677）
22	因幡電機産業	13（-）	14（-）
23	日立化成	17,111（-）	16,259（5,115）

第3章 改正退職給付会計基準の早期適用会社への影響 47

No.	会　社　名	前連結事業年度末の「退職給付引当金」右の（ ）は「前払年金費用」	適用初年度末の「退職給付に係る負債」右の（ ）は「退職給付に係る資産」
24	日立金属	22,573（－）	47,939（3,927）
25	日立建機	8,913（－）	12,563（452）
26	日立工機	2,976（1,573）	5,016（－）
27	日立国際電気	18,001（－）	27,589（－）
28	クラリオン	10,126（－）	9,381（－）
29	日立メディコ	日立製作所の完全子会社化に伴い，上場廃止となったため，有価証券報告書を提出せず	
30	日立ハイテクノロジーズ	26,535（－）	49,303（－）
31	日立キャピタル	4,469（－）	7,766（722）
32	日立物流	16,608（－）	29,906（3,701）
33	日立機材	1,400（－）	1,068（－）
34	川重冷熱工業（個別）	2,225（－）	2,426（－）
35	ハウス オブ ローゼ（個別）	704（－）	872（－）

（出所）　早期適用会社の平成26年3月期有価証券報告書を基に筆者作成。

　当然であるが，好況時には証券市場が活況を呈し，相場環境が好転すれば，それだけ年金財政も好転し有利な数理計算上の差異が生じることになるので，企業側の負担が軽くなりますます企業業績が良い方向へ作用する。これに対し，逆に景気の低迷により相場の地合いが悪化していれば，ただでさえ売上の減少などで業績が悪化していることに加え，相場環境も悪化すれば年金資産の運用状況もそれに伴い悪化するので，不利な数理計算上の差異が生じることになる。

4．退職給付に係る調整額

　当期に発生した未認識数理計算上の差異ならびに未認識過去勤務費用，及びその他の包括利益累計額に計上されている未認識数理計算上の差異及び未認識過去勤務費用のうち当期に費用処理された部分についての，その他の包括利益

の調整（組替調整）額については，その他の包括利益に「退職給付に係る調整額」などの適当な科目をもって，包括利益計算書に一括して計上される（「会計基準」第15項及び同第29項）。この「退職給付に係る調整額」は，今回の改正で新たな注記事項とされている（「会計基準」第30項(7)）。ただし，注記にあたっては，過去勤務費用と数理計算上の差異とに区別して記載される。早期適用会社ごとの「退職給付に係る調整額」を示したのが次頁の**図表3－3**である。なお，過去勤務費用と数理計算上の差異の費用処理方法を別の「連結財務諸表作成のための基本となる重要な事項」の箇所で注記することとなっているので，併せて示したものである。

　まず，過去勤務費用に関しては，その他の包括利益の減少側の要素に計上しているのが19社（59.4％）であるのに対し，増加側の要素として計上しているのは4社（12.5％）に留まっている。過去勤務費用は，退職給付水準の改訂等に起因して発生した退職給付債務の増加または減少部分をいう（「会計基準」第12項）。したがって，退職給付水準の切り上げに起因して退職給付債務が増加し，その結果，その他の包括利益を押し下げる効果をもたらしていることになる。また，過去勤務費用は，平均残勤務期間以内の一定の年数で按分した額を毎期費用処理される（「会計基準」第25項）が，発生時に全額一括して計上する会社もあれば，15年にわたって費用処理するなど対応が分かれている。また，「9年から19年」と幅をもたせている会社もあるが，「主として」と記載している会社もある。親会社のみならず，子会社も複数あるので，やむなくこのような表記となっているのであろう。ただ，年数を明らかにしていない会社も散見されるが，ディスクロージャーの観点から問題がある。さらに，過去勤務費用については，定額法が原則とされるが，残高の一定割合を費用処理する定率法も容認されている（「会計基準」注9）。しかし，早期適用会社の間では，すべて即時一括または定額法であり，定率法を採用している会社を確認できなかった。

　次に，数理計算上の差異に関しては，その他の包括利益の減少側の要素として計上している会社は32社中わずか2社（6.3％）に留まり，増加側の要素として計上している会社が26社（81.3％）と圧倒的な多数に上っている。これは主として，株価の堅調な伸びを背景に，期待運用収益を上回って年金資産を運

用できたために多額の数理計算上の差異が生じたためであると推察できる。数理計算上の差異の償却期間も，発生時に即時費用化する会社もあれば，20年を超える期間とする会社もあるなど，かなりの幅があることがわかる。また，償却の開始年度も，「発生の翌年度」から行う会社が圧倒的多数であり，発生年度から行う会社はきわめて少ない。保守主義の立場からすれば，なるべく早めに償却するべきであろうが，数理計算上の差異の当期発生額が確定するのを待っていれば，それだけ決算作業が長期化し，監査の手続もずれ込むことになり，最終的には決算発表も遅れることになる。それゆえに，翌年度から行う実務慣行が一般化しているものと思われる。

図表 3 - 3 適用初年度末現在の「退職給付に係る調整額」の内訳

（単位：百万円，△はその他の包括利益のマイナスを意味する）

No.	会　社　名	過去勤務費用 （償却年数等）	数理計算上の差異 （償却年数等）
1	シンクレイヤ	△63（発生時に全額）	127（翌年度に一括）
2	日本サード・パーティ	記載なし（記載なし）	2,722（7年による定額法，翌年度から）
3	味の素	△1,454（主として10年による定額法）	9,283（主として10年による定額法，翌年度から）
4	日清食品ホールディングス	記載なし（記載なし）	△395（発生年度に一括）
5	野村総合研究所	△194（15年による定額法）	16,295（10～15年による定額法，翌年度から）
6	参天製薬	記載なし（記載なし）	905（年数記載なし，定額法，発生年度から）
7	伊藤忠テクノソリューションズ	△202（10年による定額法）	1,468（10年による定額法，翌年度から）
8	東海ゴム工業（現在は，住友理工に社名変更）	△291（主として15年による定額法）	2,615（主として15年による定額法，翌年度から）
9	LIXILグループ	記載なし（発生時に全額）	記載なし（発生時に全額）
10	鉱研工業	記載なし（記載なし）	△5（8年～12年による定額法，翌年度から）

No.	会　社　名	過去勤務費用 （償却年数等）	数理計算上の差異 （償却年数等）
11	デンソー	△10,449（主として10年による定額法）	29,390（主として10年による定額法，翌年度から）
12	日東電工	△486（12年による定額法）	4,464（12年による定額法，翌年度から）
13	川崎重工業	△1,864（主として10年による定額法）	4,874（主として10年による定額法，翌年度から）
14	島津製作所	△319（15年による定額法）	2,864（15年による定額法，翌年度から）
15	ヤマハ	△435（10年による定額法）	7,529（10年による定額法，翌年度から）
16	長瀬産業	記載なし（発生時に全額）	2,108（翌年度に全額）
17	みちのく銀行	△13（5年による定額法）	2,769（5年による定額法，翌年度から）
18	MS&ADインシュアランスグループホールディングス	記載なし（4年による定額法）	記載なし（主として10年〜11年による定額法，翌年度から）
19	T&Dホールディングス	記載なし（発生時に全額）	記載なし（発生時に全額）
20	九州電力	△4,152（主として5年による定額法）	2,526（主として5年による定額法，翌年度から）
21	北海道電力	78（主として5年による定額法）	11,271（主として5年による定額法，翌年度から）
22	因幡電機産業	記載なし（記載なし）	記載なし（記載なし）
23	日立化成	159（主として10年による定額法）	8,084（主として10年による定額法，翌年度から）
24	日立金属	△772（年数を明示しない定額法又は発生時に全額費用処理）	9,061（年数を明示しない定額法，翌年度から）
25	日立建機	△141（年数を明示しない定額法）	3,012（年数を明示しない定額法，翌年度から）

No.	会　社　名	過去勤務費用 (償却年数等)	数理計算上の差異 (償却年数等)
26	日立工機	△111（15年による定額法）	2,243（15年による定額法，翌年度から）
27	日立国際電気	△768（13年による定額法）	2,861（13年による定額法）
28	クラリオン	13（13年で均等償却）	677（7～13年による定額法，翌年度から）
29	日立メディコ	日立製作所の完全子会社化に伴い，上場廃止となったため，有価証券報告書を提出せず	
30	日立ハイテクノロジーズ	△496（年数を明示しない定額法）	10,365（年数を明示しない定額法，翌年度から）
31	日立キャピタル	△275（9年～19年による定額法）	3,322（9年～22年による定額法，翌年度から）
32	日立物流	△47（9～16年による定額法）	973（9～25年による定額法，翌年度から）
33	日立機材	29（13年による定額法）	273（13年による定額法，翌年度から）
34	川重冷熱工業（個別）	－[*1]（10年による定額法）	－[*1]（10年による定額法，翌年度から）
35	ハウス オブ ローゼ（個別）	－[*1]（10年による定額法）	－[*1]（翌期一括費用処理）

※1　No.34およびNo.35の会社は，連結財務諸表を作成していない。個別財務諸表では包括利益を導入していないため，「退職給付に係る調整額」は存在していない。
※　原則として「有価証券報告書」で用いられている文言，表記方法をそのまま掲載するようにしているため，必ずしも表記が一貫していない。
※　税効果控除前の数値である。
（出所）早期適用会社の平成26年3月期『有価証券報告書』を基に筆者作成。

5．退職給付に係る調整累計額

「退職給付に係る調整累計額」は，未認識数理計算上の差異及び未認識過去勤務費用のうち，税効果を調整した残額であり，連結貸借対照表の純資産の部

図表 3-4　適用初年度末現在の「退職給付に係る調整累計額」の内訳

(単位：百万円，△印はその他の包括利益累計額の減少を表す)

No.	会社名	未認識過去勤務費用	未認識数理計算上の差異
1	シンクレイヤ	記載なし	10
2	日本サード・パーティ	記載なし	△22
3	味の素	△712	△26,386
4	日清食品ホールディングス	記載なし	632
5	野村総合研究所	1,752	10,852
6	参天製薬	記載なし	△1,749
7	伊藤忠テクノソリューションズ	576	△2,324
8	東海ゴム工業（現在は，住友理工に社名変更）	1,733	△896
9	LIXIL グループ	記載なし	記載なし
10	鉱研工業	記載なし	△27
11	デンソー	12,170	△27,040
12	日東電工	945	△25,533
13	川崎重工業	△2,980	△25,959
14	島津製作所	2,002	△4,268
15	ヤマハ	1,290	△5,162
16	長瀬産業	記載なし	591
17	みちのく銀行	13	4,553
18	MS&AD インシュアランスグループホールディングス	503	14,507
19	T&D ホールディングス	記載なし	記載なし
20	九州電力	15,099	26,444
21	北海道電力	△1,892	23,891
22	因幡電機産業	（複数事業主制度に未償却過去勤務債務残高あり）	記載なし

No.	会社名	未認識過去勤務費用	未認識数理計算上の差異
23	日立化成	389	516
24	日立金属	7,827	△25,707
25	日立建機	2,843	△20,537
26	日立工機	342	△2,871
27	日立国際電気	2,476	△8,510
28	クラリオン	57	△258
29	日立メディコ	日立製作所の完全子会社化に伴い，上場廃止となったため，有価証券報告書を提出せず	
30	日立ハイテクノロジーズ	2,422	△20,850
31	日立キャピタル	581	△10,642
32	日立物流	△282	△4,744
33	日立機材	183	△146
34	川重冷熱工業（個別・参考）	△35	△294
35	ハウス オブ ローゼ（個別・参考）	△55	△1

※ 原則として「有価証券報告書」での文言，表記方法をそのまま掲載している。
※ 税効果控除前の数値である。
(出所) 早期適用会社の平成26年3月期有価証券報告書を基に筆者作成。

の「その他の包括利益累計額」の区分に計上される。いわゆる即時認識するのは連結財務諸表のみであり，個別財務諸表では遅延認識されるため「評価・換算差額等」でも現れない点で異なる。したがって，早期適用会社の適用初年度末現在の「退職給付に係る調整累計額」は上記の**図表3-4**のとおりであるが，No.34及びNo.35の両社は前述のとおり，連結財務諸表を作成していないので，包括利益やその他の包括利益の開示を必要としていない。ただし，それでも注記事項にはなっているので，参考値として示している。また，税効果控除前であるので，実際には退職給付に係る調整累計額に実効税率を掛けたものが連結貸借対照表に計上されることになる。

　まず，未認識過去勤務費用が存在している会社のうち19社（57.6％）で，その他の包括利益累計額を増加させており，その他の包括利益累計額を減少させ

ている会社は4社（2社は，連結財務諸表を作成していない会社である）に留まっている。また，記載がないという会社が32社中8社（25.0％）あることも特徴の1つとして挙げられる。また，概して未認識過去勤務費用の金額よりも未認識数理計算上の差異のほうが金額は小さい傾向にある。

一方で，未認識数理計算上の差異については，その他の包括利益累計額を増加させている会社は9社（26.5％）にとどまり，多くの会社（22社，64.7％）では，その他の包括利益累計額を減少させる方向に作用している。その他の包括利益累計額は自己資本の算定にあたり株主資本と合算されるため，その他の包括利益累計額が借方残高であった場合，自己資本比率等の安全性の比率に悪影響を及ぼすものの，一方で自己資本利益率（Return on Equity：ROE）の算定にあたっては，分母が小さくなるので，ROEには有利に働くことになる。

6．年金資産の内訳

今回の退職給付会計基準の改正で新たに年金資産の主な内訳も注記して開示することとなった。そこで，早期適用各社の年金資産の内訳状況をまとめたのが，次の**図表3-5**である。

図表3-5 適用初年度の年金資産の主な内訳

No.	会　社　名	平成26年3月期（適用初年度）の年金資産合計に対する主な分類ごとの比率（％）
1	シンクレイヤ	記載なし（内部積立）[※2]
2	日本サード・パーティ	記載なし（内部積立）[※2]
3	味の素	債券50％，株式24％，生命保険一般勘定19％，現金及び預金1％，その他6％
4	日清食品ホールディングス	債券53％，株式16％，一般勘定18％，その他12％
5	野村総合研究所	株式58.2％，債券31.2％，その他10.6％
6	参天製薬	債券50％，株式34％，その他16％

第3章 改正退職給付会計基準の早期適用会社への影響　55

No.	会　社　名	平成26年3月期（適用初年度）の年金資産合計に対する主な分類ごとの比率（％）
7	伊藤忠テクノソリューションズ	債券54％，株式27％，現金及び預金2％，その他17％
8	東海ゴム工業（現在は，住友理工に社名変更）	株式43％，債券32％，一般勘定14％，その他11％
9	LIXILグループ	現金及び預金等25.5％，株式16.8％，債券20.0％，合同運用信託11.0％，生命保険一般勘定5.5％，オルタナティブ21.2％
10	鉱研工業	債券51％，その他49％
11	デンソー	債券42.73％，株式37.53％，保険資産（一般勘定）15.13％，現金及び預金1.83％，その他2.78％
12	日東電工	現金及び預金18％，生保一般勘定18％，債券17％，株式22％，その他25％
13	川崎重工業	債券14％，株式69％，現金及び預金5％，その他10％
14	島津製作所	株式70％，債券14％，一般勘定13％，その他3％
15	ヤマハ	生保一般勘定55％，株式23％，債券18％，現金及び預金2％，その他2％
16	長瀬産業	債券68％，株式17％，その他15％
17	みちのく銀行	債券46.74％，株式41.61％，一般勘定9.06％，その他2.57％
18	MS&ADインシュアランスグループホールディングス	債券52％，株式23％，生命保険一般勘定10％，その他15％
19	T&Dホールディングス	債券73.6％，生命保険一般勘定15.0％，外国証券6.4％，株式4.3％，共同運用資産0.7％，現金及び預金0.1％，その他0.0％
20	九州電力	債券45％，株式26％，生保一般勘定18％，その他11％
21	北海道電力	債券48％，株式30％，生保一般勘定21％，その他1％
22	因幡電機産業	（主として確定拠出型制度のため記載なし）
23	日立化成	債券61％，株式22％，現金及び預金2％，その他15％

No.	会　社　名	平成26年3月期（適用初年度）の年金資産合計に対する主な分類ごとの比率（％）
24	日立金属	債券40％，株式35％，生命保険会社の一般勘定12％，現金及び預金4％，その他9％
25	日立建機	債券52％，株式22％，その他26％
26	日立工機	債券59％，株式28％，現金及び預金1％，その他12％
27	日立国際電気	債券41％，株式30％，現金及び預金6％，その他23％
28	クラリオン	債券28％，株式43％，現金及び預金1％，生命保険一般勘定20％，その他8％
29	日立メディコ	平成26年3月1日に日立製作所の完全子会社になったため，同年3月期の有価証券報告書を作成せず
30	日立ハイテクノロジーズ	債券32％，株式23％，その他45％
31	日立キャピタル	債券58％，株式31％，現金及び預金3％，その他8％
32	日立物流	債券16％，株式12％，生命保険会社の一般勘定60％，その他12％
33	日立機材	債券21％，株式46％，共同運用資産16％，保険資産（一般勘定）15％，その他2％
34	川重冷熱工業（個別）	株式11％，債券39％，その他50％
35	ハウス　オブ　ローゼ（個別）	記載なし（内部積立）[2]

※1　原則として「有価証券報告書」での文言，表記方法をそのまま用いて掲載している。
※2　No.1，No.2及びNo.35の会社は，記載内容から外部拠出ではなく，内部積立によるものと推定される。
（出所）　早期適用会社の平成26年3月期有価証券報告書を基に筆者作成。

　内部積立の会社を除き，年金資産として外部拠出している会社の多くでは，債券に最も多くの資金を投じており，31社中19社でトップになっている。しかも，半分以上投じている会社も12社と目立っている。なかには，株式で積極的に運用している会社も見受けられる。微妙にその会社の社風が影響している可能性は否定できないのではないかと思われる。
　もっとも，債券といっても，国内の公社債なのか，為替リスクのある外国の

公社債なのか，あるいは格付けのランクによっても当然にリスクは異なるであろうし，株式についても国内企業の株式と外国企業の株式とで区別する必要もあるであろう。開示にあたり，金融商品の時価等に関する注記と同水準ほどにまで細かく区分する必要性は薄いものの，もう少し細分化しても良いのではないかと考えられる。

7．おわりに

　これまで，改正退職給付会計基準を早期適用に踏み切った会社を対象に，新しい退職給付会計基準を適用したことによる影響を明らかにしてきた。すでに筆者は，別稿において，改正退職給付会計基準のもとでは，企業にとって退職給付に係る負債の増加や，利益剰余金及びその他の包括利益累計額といった純資産の減少をもたらすとともに，利益の下押し要因として作用している会社が多数派であること，ただし，1株当たりの純資産や1株当たりの純利益などから，直接的な影響は軽微に留まっている会社が多数であることを指摘していた（増子（2016）pp.154-155）が，本章においても基本的にその事実を裏づけるものであった。

　しかしながら，ここでの分析対象企業は全上場企業全体からすれば1％ほどに過ぎないほど少数であるばかりか，強制適用になる前に自らの意思で1年近くも前倒しで早期適用に踏み切った会社である。全体の姿とは大きく異なる可能性を排除することはできない。また，業種によっても異なるであろうし，企業の人事・雇用政策によって左右されることも考慮すべきであろう。

　また，本章では，今回の改正の趣旨が開示の拡充にあることに鑑み，（連結）財務諸表本体に留まらず，注記事項も視野に入れて検討した。実際に開示の現状分析に取り組んでみて，質量両面における注記の充実ぶりを実感し，その目的を概ね達成していると前向きに評価する一方で，関連する項目が多岐に分散しており，必要な情報を取り出すのは正直，専門的知識を有するものであっても容易とはいえないものであった。ましてや，一般の投資家がどこまで注記事項を活用できるのか疑問もないわけではなく，企業側の過重な負担に鑑みれば，有価証券報告書の記載事項に関して，開示の拡充を図る一方で簡略化がもとよ

り進められているところではあるが，何を，どのように，あるいはいつまでにディスクローズすべきなのか，関係者間で冷静な議論を開始する必要性もあるかと思われる。

　ところで，本年1月，日本銀行がマイナス金利政策を導入したことに伴って，一部の国債の金利がマイナスに陥り始めている。退職給付会計において割引率は，安全性の高い債券の利回りを基礎として決定され（「会計基準」第20項），期末における国債や政府機関債及び優良社債の利回りをいう（同（注6））ことから，退職給付債務にも少なからず影響を及ぼすことになる。そもそも「会計基準」自体，国債などの金利がマイナスになることを想定して制度設計されているとは言い難く，理論的にどう捉えるべきか，あるいは企業側がどのような対応をとるべきなのか，実務対応報告の公表に向けて議論を開始すべきであることを最後に指摘したい。

付　記

　本稿脱稿後，企業会計基準委員会は，マイナス金利に関する会計上の論点への対応について議論を開始し，退職給付債務の計算における割引率に関しては，平成28年3月9日開催の第331回企業会計基準委員会において，「マイナスとなっている利回りをそのまま利用する方法とゼロを下限とする方法のいずれの方法を用いても，現時点では妨げられないものと考えられる。」とし，マイナス金利の適用を容認する方針を示している。

参考文献■

International Accounting Standards Board (2011). *International accounting standards No.19 employee benefits.* IFRS Foundation.（企業会計基準委員会監訳『国際財務報告基準（IFRS）2013』IAS 第19号「従業員給付」中央経済社，2013）

Shigeaki Sawada (2014). *Fair value accounting of pension liabilities and discretionary behavior*, Kunio Ito and Makoto Nakano (eds): *International perspectives on accounting and corporate behavior*, Springer.

青木茂男（2012）『要説　経営分析』（四訂版），森山書店。
あらた監査法人（2013）『従業員給付』第一法規。
井上雅彦（2013）『キーワードでわかる退職給付会計』（三訂増補版）税務研究会出版局。
　────（2015）『退職給付会計実務の手引き』税務経理協会。

井上雅彦・江村弘志（2013）『退職給付債務の算定方法の選択とインパクト』中央経済社．
新日本有限責任監査法人（2013）『退職給付の実務』中央経済社．
田中建二（2012）「数理計算上の差異を巡る論点」『企業会計』第64巻第1号　中央経済社121-124頁．
─────（2013）「退職給付会計基準の批判的検討」『會計』第184巻第4号　森山書店，1-17頁．
『週刊経営財務』編集部（2013）「改正退職給付基準の早期適用は35社」『週刊経営財務』第3,130号（平成25年9月16日号）2頁．
前田　啓（2012）「企業会計基準第26号「退職給付に関する会計基準」及び同適用指針の解説」『季刊　会計基準』第37号　財務会計基準機構，35-45頁．
─────（2013）「新退職給付会計基準の早期適用事例分析」『週刊経営財務』第3,130号（平成25年9月16日）8-14頁．
増子敦仁（2014）「転換点に立つ退職給付会計」『企業会計』第66巻第6号　中央経済社91-96頁．
─────（2015a）「改正退職給付会計基準早期適用会社の開示状況(1)」『経営論集』第85号47-67頁．
─────（2015b）「改正退職給付会計基準早期適用会社の開示状況(2)」『経営論集』第86号179-196頁．
─────（2016）「改正退職給付会計基準早期適用会社の開示状況(3)」『経営論集』第87号141-156頁．
有限責任あずさ監査法人（2012）『退職給付会計の実務対応』中央経済社．
有限責任監査法人トーマツ（2013）『実務解説退職給付会計』清文社．
吉岡正道・徳前元信・大野智弘・野口教子（2013）「退職給付に係る未認識債務の計上」『産業経理』第73巻第1号，177-193頁．

参考資料■─────────────

財務総合政策研究所（2014）『法人企業統計調査結果（平成25年度）』．
東京証券取引所・大阪証券取引所・名古屋証券取引所・福岡証券取引所・札幌証券取引所（2013）『平成24年度株式分布状況調査の調査結果について』．
新退職給付会計基準早期適用全34社の平成26年3月期『有価証券報告書』（「金融商品取引法に基づく有価証券報告書等の開示書類に関する電子開示システム」（EDINET：Electronic Disclosure for Investors' NETwork）より閲覧）．

（増子　敦仁）

第4章

活動基準原価計算の公的部門への導入について

◆

1. はじめに

　平成14年6月に経済財政諮問会議より提出された「経済財政運営と構造改革に関する基本方針2002」において，活動基準原価計算の導入についての研究を開始することが明記された。「基本方針2002」第4部「歳出の主要分野における構造改革」のなかに(3)「公的部門の効率化」の項目を設け，①民間委託（アウトソーシング）やPFI等の活用，②調達の改善，③電子政府等の推進とならんで，④新しい手法のなかにベンチマーキングとともに活動基準原価計算を導入する研究の開始が謳われている。そこにおいて，活動基準原価計算を業務に要するコストを明確にする手法として紹介している。そこでは，「納税者の視点に立ち，公的部門の無駄を排除する」観点から，上に述べた新たな行政手法に取り組むことが述べられている。

　活動基準原価計算が行政サービスに具体的に適用され，その存在を広く世間に知らしめた例は，朝日新聞に掲載された公共図書館のコスト分析であろう。

　「図書館で本を読むと税金が277円掛かる！」このような見出しにより，行政コストの調査報告が紹介されている（櫻井，2005，pp.30-31)。「報告によると，まず，図書館へ行って本を読むと，それだけで277円の税金が費やされる。お目当ての本をどこにあるかとたずねると，その分人件費などが掛かり，1件につき913円。もっと複雑な相談をすると，調べる時間が増えるため1件5,319円。うっかり返却日を過ぎて督促を受けたら，そのための作業や電話・はがき代な

どで1件当たり1,844円。講演会や映画界などの図書館の催しに参加すると，1人当たり1万4,912円の税金が掛かる計算になったという。」（朝日新聞，平成12年9月16日）

　この記事により，多くの人が公共図書館の公共サービスにいかなるコストが掛かっているのか，身近に感じることができたのではないであろうか。このようなコストの可視化だけが，活動基準原価計算が持つ利点ではない。本章においては，公的部門における活動基準原価計算の導入について，若干の検討を加えていくこととする。まず，活動基準原価計算とはいかなる原価計算であるかを確認することから始めたい。さらに，2004年にはキャプランとアンダーソンによって，活動基準原価計算をより実務的に適用しやすくした時間主導型活動基準原価計算（Time-Driven Activity-Based Costing：TDABC）が提唱されるにいたっている。はたして，時間主導型活動基準原価計算は公的部門に導入が行えるのであろうか。合わせて検討を行っていきたい。

2．活動基準原価計算の素描

　活動基準原価計算（Activity-Based Costing：ABC）は，活動，資源及び原価計算対象の原価と業績を測定するためのツールと理解されている（櫻井，2004b，p.24）。その主目的は，製品原価の合理的な算定を通じて製品戦略と原価分析に活用することである。活動基準原価計算は，当初，製造間接費の正確な配賦計算を行おうとして考案されたものであるといわれている。そこでは，伝統的な原価計算によって提供される原価情報が歪んだものであり，その歪んだ原価情報によって行われる意思決定が誤りを導くとの批判がなされていた。

　伝統的な原価計算においては，製品やサービスの原価は特定の製品に直接的に跡づけることができる直接費と，直接的に跡づけることができない間接費とにまず区分される。直接費は，特定の製品やサービスに正確に跡づけることが可能であるので各製品に集計（賦課）される。一方，間接費は特定の製品やサービスに直接的に跡づけができない費用であるので，何らかの基準を設けて各製品に配賦されることとなる。その際使用される基準として，生産量，直接作業時間，機械作業時間などの操業度に関連した基準が使用されてきた。特に製造

間接費の配賦計算では，部門別の計算が行われているので，この製造間接費の部門別配賦計算によって計算される製品原価が歪められ，その結果その信頼性，正確性が損なわれていると批判されているのである。

伝統的原価計算では，製品やサービスの原価は，通常次の計算段階を経て計算される。
(1) 原価の費目別計算
(2) 原価の部門別計算
(3) 原価の製品別計算

まず最初に，製品製造のために何がいくら消費されたのかを認識，測定する手続が行われる。これが費目別計算である。製品製造に関して発生した原価は，その発生形態によって，材料費，労務費，経費に分類される。この発生形態による分類は，もっとも基本的な分類であり，通常原価の三要素と呼ばれる。そしてさらに，この分類に基づいて直接費と間接費とに分類される。すなわち，直接費は，直接材料費，直接労務費及び直接経費に，また間接費は，間接材料費，間接労務費及び間接経費に分類される。

直接費は，どの製品製造に関して発生をしたのかが直接的に認識できる原価であるから，当該製品に賦課（直課）される。また，間接費は製造間接費として，適切な配賦基準によって各製品に配賦される。通常この配賦計算は，部門別の計算が行われる。この製造間接費の部門別計算は，(ア)正確な製品原価を計算するため，(イ)原価管理に役立たせるため，に行われると説明される。

部門別の計算は，通常，以下の手続によって行われる。
(a) 各部門費を集計する。
　① 部門個別費は各部門に集計する。
　② 部門共通費は適当な配賦基準によって各部門に配賦する。
(b) 補助部門費を製造部門に配賦する。
(c) 製造部門費を各製品に配賦する。

このような手続を経て，各製品の原価が計算されることになる。

このような製造間接費の配賦計算によって，計算される製品原価がそれによって歪められ，情報精度の低い原価情報が提供されると批判されているのである。すなわち，この部門別計算はその意図するところとは異なり，多段階的

配賦計算が製品原価への信頼性を喪失させる原因となっているのである。

　また，製造間接費の配賦基準として，操業度に関連した配賦基準が用いられるため，操業度の高い製品やサービスに対してより多くの製造間接費が配賦される。逆に，操業度の低い製品やサービスには少ない製造間接費が配賦されることとなる。現在の複雑な経営環境においては，多品種少量生産やFA化が進展した製品製造が行われている。そこでは，さまざまな生産支援活動が必要となるが，そのような活動によって発生する費用は，必ずしも操業度に比例して発生するわけではない。逆に数多くの段取替えが発生するということは，多くの少量生産が行われているということであり，伝統的な原価計算によって行われる製造間接費の配賦計算が，その基準を操業度に求めるとすれば，生産量の大きな製品に過大な製造間接費が配賦され，生産量の小さい製品には過少に配賦される結果となる。このようにして伝統的な原価計算によって提供される原価情報は，歪んだ原価情報であり，その結果，経営管理者の意思決定に重大な誤りを惹き起こしていたと批判されているのである。

　そのような伝統的な原価計算の欠点を克服する計算手法として，活動基準原価計算が登場してきた。周知のように活動基準原価計算は，1980年代後半，ハーバード・ビジネス・スクールのクーパーとキャプランのフィールドスタディの研究成果として発表された（Cooper & Kaplan, 1988）。この活動基準原価計算は，その中心的要素として活動の計算を行っていることに，その特徴を見いだすことができるであろう。そこでは活動から製品に原価を割り当てる。すなわち，生産過程において製品は活動を必要とするからである。また，活動は経済的資源を消費する。それゆえ，経済的資源は活動によって消費され，製品は活動を消費する。活動基準原価計算においては，この連鎖を基本的な理念として原価を計算する原価計算方法である。「活動基準原価計算においては，製品が活動を消費し，活動が資源を消費するという基本理念で原価が計算される。そのため活動基準原価計算では，資源の原価を活動に割り当て，次に各製品の活動をもとに原価計算対象に原価が割り当てられることになる（櫻井，2004a，p.329）。そして，活動基準原価計算が伝統的な原価計算と異なる点として，以下の2点が挙げられている。この点が活動基準原価計算の本質であるとしている。

(1) 伝統的な原価計算では，原価が発生するとそれらはすべていったんコスト・プールとして部門に集計していたが，活動基準原価計算では部門ではなく活動に集計される。
(2) 活動から原価計算対象に原価を割り当てるのに，配賦とは構造的に異なる原価作用因（cost driver）が用いられる。原価作用因とは，原価を発生させる要因のことである。伝統的な原価計算では，製造間接費は操業度に関連した配賦基準によって製品に配賦されていた。この配賦計算がこれまで批判されてきた点である。活動基準原価計算によれば，原価と製品との結びつきを因果関係によって合理的に行うことができる。

　また，岡本清教授によれば，活動基準原価計算の主目的は，「戦略的プロダクト・ミックスを決定することにあり，その計算方法は，まず，原価（間接費）を，経済的資源を消費する活動へ跡づけ，その原価を，活動から生み出された原価計算対象（製品・顧客・サービス・販売チャネル・プロジェクトなど）へ割り当てる計算を行う（岡本，2000，p.892）ものであるとされている。ここに，活動基準原価計算の最も基本的な目的は，「製造間接費の製品への集計手続に着目し，その精度を高めることにより正確な製品原価を算定する（櫻井，2002，p.30）」ことにあるということができるであろう。

　活動基準原価計算は，その後，1992年前後からABM（Activity-Based Management）へと発展してきた。ABMは，活動基準管理と称される原価低減のツールである。これは，顧客が受け取る価値を改善し，また価値の改善によって原価を低減し，究極的には利益をも改善するためのツールとして登場してきた。ABMの主目的は，活動やプロセスの改善による原価低減にあるといえる。

　活動基準原価計算は活動分析と結びつくことによって，業務改善を支援することができる。ABMでは，詳細な活動分析を行うことによって，組織が遂行する活動を顧客にとって価値を生む活動とそうでない活動とに識別し，価値を生まない活動を排除することを試みる。また，原価そのものよりも，原価を発生させる原因であるコスト・ドライバーをコントロールすることを重視する。さらに現行プロセスの改善を行うだけではなく，業務プロセスの抜本的な再構築を支援することがその眼目である（吉田・梶原，2005，p.176）。

活動基準原価計算とABMとの関係を，どのように理解すればよいであろうか。この点について，櫻井通晴教授は，活動基準原価計算は製品原価算定中心で測定の視点の技法であるのに対して，ABMはプロセスの視点に立脚する点が異なるとしている。すなわち，活動基準原価計算は製品原価算定が目的であり，ABMはリエンジニアリングがその目的である（櫻井，1995，p.107）。つまり，活動基準原価計算とABMは，その目的とするところが異なっており，目的に合わせて使い分けられるべきものであるといえよう。

　それでは，公的部門における活動基準原価計算はどのように導入されるべきであろうか。活動基準原価計算は，今見たようにその目的は製品原価算定である。であるとするならば，行政分野における活動基準原価計算導入の意義はどこに求めることができるのであろうか。単に公的部門における活動を基準として，原価計算対象である行政サービスの原価算定を精緻に行ったとしても，その意味はあまりないということができるであろう。それよりは，活動基準原価計算に基づくABMこそが，活動基準原価計算導入の意義といえるのではないか。公的部門における活動基準原価計算導入の意義は，行政サービスの原価算定の精緻化より，それに基づく業務プロセスの改善にこそ求められるべきだと思われる。そこで次に，公的部門における活動基準原価計算の導入の事例を見ることとしたい。

3．活動基準原価計算の導入事例

　活動基準原価計算は，現在多くの自治体でその導入が行われている。ここでは，まず冒頭に紹介した公共図書館の事例を取り上げることとする（南，2000）。

　図書館における行政サービスに関して，一体いくらのコストが掛かっているのか。伝統的な原価計算による情報では，例えば図書館で本を読むのにいくら掛かっているのかを知ることは難しい。伝統的な原価計算による情報と活動基準原価計算による情報とを比較したものが**図表4-1**である。以下の数値は，首都圏のある政令指定都市における地域図書館での計算である。もちろん，ある程度の誤差はあるであろうし，また，この数値が全国の公共図書館で同じで

図表4-1 伝統的原価計算と活動基準原価計算との比較例

伝統的分類	金額（千円）
施設管理費	16,000
図書購入費	14,000
職員人件費	72,000
施設減価償却	9,000
情報システム運営	38,000
事務連絡費	3,000
合計	152,000

ABC活動分類	金額（千円）	件・人数	単価（円）
開館準備（閲覧）	31,200	112,000	279
カウンター（貸出）	74,600	425,000	176
カウンター（予約）	25,300	45,000	562
レファレンス	6,700	5,800	1,155
図書管理（返却督促）	2,200	1,200	1,833
文化事業業務	10,200	685	14,900
合計	152,000		

（出所）『地方行政』平成12年11月6日号。

ある保証はない。

　伝統的分類では，どのような図書館サービスにいくら掛かったのかは，読み取ることができない。もちろん，その計算は自治体の会計規定に則ったものである。ここに今までの地方自治体における会計計算の限界があったというべきであろう。それを活動基準原価計算により，活動ごとの計算にすると，上に示したようにそのコストが明らかとなる。そうなれば，「地域の図書館に立ち寄り，何冊かの本を閲覧し，興味のある分野に関する参考図書を教えてもらい，その本を含めて3冊予約した。次の機会に2冊借りたのだが，うっかり返却を忘れてはがきや電話で督促された」といった場合には，合計で9,490円のコスト（閲覧＋レファレンス＋予約＋貸出＋督促）が掛かったことがわかるのである。

この金額の解釈は，色々であろう。しかし，ここで大切なことは，どのような行政サービスに，いくらのコストがかかっているのかということを，明らかにすることである。行政改革，財政改革と声高に喧伝されて久しい。税金をどのような行政サービスに使うべきなのか，使うべきではないのかということを議論するのに，行政サービスのコストを視野に入れた議論は，今までほとんどされてこなかったように思われる。また議論するにしても，その基礎資料となるデータが収集されていなかったといえるであろう。

　従来は単に財政支出の削減，人員の削減，組織のスリム化などが行政の効率化であるといわれていた。しかし，活動基準原価計算の導入により，市民に対する行政サービスのあり方，資源配分の仕方，業務プロセスの改善，効率的なシステムへの転換という，本来行われるべき議論をする土壌が提供されるものと思われる。

　公共図書館が果たすべき役割について考えるとき，一般的には，1人当たり貸出冊数がその評価の中心にあるようである。1人当たり貸出冊数が多ければ，それだけ図書館を利用した人が多くいるということになり，その数字が指標化され，その結果，いかに1人当たり貸出冊数を多くするかに注意が向いてしまう。その数字を上げようとすれば，いわゆるベストセラーといわれる本を複数冊購入し，貸出を行えばよいことになる。図書館の無料貸本屋である。もちろん，そのことにより市民が図書館に足を向けるようになれば，それはそれで必要なコストと考えることも可能であろう。必要なことは，限られた予算と人員のなかで図書館が果たすべき役割をどのように考え，どのようなサービスに重点を置くべきか，あるいは，縮小することが可能なサービスは何かを考えるときに，個々のサービスにどの程度のコストが掛かっているのかの資料を提供できる環境を作っておくことである。

　図書館の機能が図書の貸出が主たるサービスと考えるならば，図書館という施設を整備するよりも，コンビニを活用した図書の貸出・返却システムを構築したほうが効率的で，安価にサービスを提供できるかもしれない。また，市民の知る権利を保障することが図書館の役割であると考えれば，利用者が少なくとも必要な資料と施設や人員を整備しなければならない。また，市民が税金を投入しても，一般文芸書の貸出予約サービスが必要であると判断すれば，公平

性の担保から返却の遅れに対して，厳しいペナルティーも考える必要が出てくる。

図書館の事例からもわかるように，活動基準原価計算によって個々の行政サービスの原価が分かれば，それに伴って業務の見直しが行えるようになる。つまり，ABMである。

それでは次に，時間主導型活動基準原価計算について概観することとする。

4．時間主導型活動基準原価計算

時間主導型活動基準原価計算（Time-Driven Activity-Based Costing：TD-ABC）は，2004年にキャプランとアンダーソンによって提唱された原価計算手法である（Kaplan & Anderson, 2004, pp.131-138）。ここでは時間主導型活動基準原価計算の構造を確認するために，キャプランとアンダーソンが用いている顧客サービス部門の例を取り上げることとしよう（Kaplan & Anderson, 2007, pp.7-13，前田他，2008, pp.9-16）。

そこではある顧客サービス部門が想定されている。この部門では四半期当たり56万7,000ドルの固定的費用が発生している。この費用には，顧客サービス担当の従業員及びその上司の人件費，IT関連費用，通信費，建物などの関連諸費用が含まれる。またこの費用は，顧客サービス部門の作業量によって変化しないと仮定されている。

4.1　従来型活動基準原価計算

従来の活動基準原価計算では，当該部門で行われている活動がどのようなものであるかを把握するためにその部門の従業員やその上司にインタビューが行われる。この例においては，以下の3つの活動が行われていたと仮定されている。

　・顧客からの注文の処理
　・顧客からの問い合わせや苦情の処理
　・顧客の信用調査の実施

次に活動基準原価計算を行う際に最も重要となる作業が行われることとなる。

すなわち，どの活動にどの位の時間を費やしたのかを問うインタビューを行ったり，実際に調査を行う段階である。この段階は最も時間がかかるステップであり，最も回答が難しいものとなる。なぜならば，顧客サービス部門の従業員に行われる質問は「あなたは昨日どのような活動をどの位の時間行いましたか」ではなく，「この3ヶ月あるいは6ヶ月の間に行った平均的な作業の割合をベースにして，さらに将来の予測を加味して回答してください」というものだからである。

このインタビューの回答が妥当なものであるかどうかを判断するために，活動基準原価計算チームは従業員がどのような活動にどの程度の時間を費やしているか，実際に数週間の時間をかけて観察しなければならない。

この例においては，インタビューと実際の調査によって，顧客からの注文の処理に70％，顧客からの問い合わせや苦情の処理に10％，顧客の信用調査の実施に20％であることが判明したとしている。

次に行われる作業は，消費時間の割合に基づいて顧客サービス部門で発生した56万7,000ドルを各活動に割り当てる作業である。これにより，顧客サービス部門で発生した費用56万7,000ドルは顧客からの注文の処理に対して39万6,900ドル，顧客からの問い合わせや苦情の処理に対して5万6,700ドル，顧客の信用調査の実施に対して11万3,400ドル割り当てられることとなる。次に，活動基準原価計算チームはそれぞれの活動の四半期当たりの実際（または予測）作業量（コスト・ドライバー量）のデータを収集する。この例においては，顧客からの注文件数は4万9,000件，顧客からの問い合わせや苦情の件数は1,400件，顧客の信用調査の実施件数は2,500件であったと仮定されている。これら

図表4－2　従来型活動基準原価計算の例

活　動	消費時間割合	配賦費用	コスト・ドライバー量	コスト・ドライバー率
顧客注文の処理	70％	396,900ドル	49,000件	8.10ドル
顧客問い合わせ	10％	56,700ドル	1,400件	40.50ドル
顧客の信用調査	20％	113,400ドル	2,500件	45.36ドル
合計	100％	567,000ドル		

のデータに基づき，活動1件当たりのコスト率（コスト・ドライバー率）を計算することができる。以上のことをまとめると以下のように示すことができる。

このようにして，3つのコスト・ドライバー率を利用することにより，顧客サービス部門の費用を顧客注文の処理件数，顧客問い合わせ件数，顧客の信用調査件数を基礎として，個々の顧客に割り当てることができるのである。キャプランとアンダーソンの例示においては，顧客への配賦は省略されている。

4.2 時間主導型活動基準原価計算

以上見てきたように，従来型の活動基準原価計算では，どのような活動が行われているかの識別，またその消費割合を見積もることから計算がスタートした。それに対し時間主導型活動基準原価計算では，そのような作業は省略されている。そこでは，部門のキャパシティ・コスト率と当該部門で処理された個々の取引のキャパシティ利用度合いの見積りを行うだけで，時間主導型活動基準原価計算を行うことができるとされる。

キャパシティ・コスト率は以下のように定義されている。

キャパシティ・コスト率＝供給されたキャパシティのコスト
　　　　　　　　　　　÷供給資源の実際的キャパシティ

これまでの例示では，供給されたキャパシティのコストは56万7,000ドルである。また，供給資源の実際的キャパシティは次のように見積もられる。当該部門には28名のフロントライン現場従業員（監督者と支援スタッフは含まれていない）が働いている。各々のフロントライン現場従業員は1ヵ月平均20日（四半期で60日）働き，1日平均7.5時間の作業を行っている。したがって，各現場従業員は四半期で450時間つまり2万7,000分働いていることとなる。しかしながら，この2万7,000分すべてが生産的な作業に充てられているとは限らない。当該部門の現場従業員は，1日に75分を休息，訓練，教育に充てていると仮定されている。そうすると，現場従業員の実際的キャパシティは四半期で2万2,500分と見積もられることになる。これらのデータから，顧客サービス部門の実際的キャパシティは63万分（375分×60日×28名）と計算される。

それゆえ，当該部門のキャパシティ・コスト率は，0.90ドル/分（567,000ドル÷630,000分＝0.90ドル/分）と計算されることになる。

実際的キャパシティの推定は，簡単な計算方法のものがよいとキャプランとアンダーソンは述べている。これらの数値は厳密である必要はなく，数％の誤差は何の問題もないと述べている。例えば，現場従業員の場合であれば，1ヵ月平均の労働日数と1日当たりの平均労働時間をもとに計算される。その場合，休息時間，教育訓練時間，その他の遊休時間等を差し引き，実際の作業を行う時間が求められる。

キャパシティ・コスト率が求められたら，次に必要な見積りは，個々の取引の遂行のために必要とされるキャパシティ量（この例の場合は時間であり，ほとんどの場合も時間）である。この個々の取引の時間の推定値はインタビューや観察調査によって入手することができる。このキャパシティ量も厳密な正確性は求められておらず，大体正確であれば十分としている。

キャプランとアンダーソンの例では，顧客サービス部門の各活動について次のような平均単位時間の推定値が仮定されている。
・顧客からの注文の処理については，8分間
・顧客からの問い合わせや苦情の処理については44分間
・顧客の信用調査の実施については50分間

それゆえ，顧客からの注文の処理と問い合わせについては，7.20ドルと39.60ドルかかることが計算できる。さらに信用調査が行われればさらに45.00ドルかかることとなる。

このデータに基づいて，**図表4-3**のような計算を行うことができる。

図表4-3　時間主動型活動基準原価計算の例

活　動	単位時間	数量	総時間（分）	費用合計
顧客注文の処理	8	49,000	392,000	352,800ドル
顧客問い合わせ	44	1,400	61,600	55,440ドル
顧客の信用調査	50	2,500	125,000	112,500ドル
利用されたキャパシティ			578,600	520,740ドル
未利用キャパシティ			51,400	46,260ドル
合計			630,000	567,000ドル

従来型の活動基準原価計算によって計算されたものと比べて数値が低いことが見て取れる。これは，従来型の活動基準原価では，未利用のキャパシティが含まれているためである。個々の活動を行うために必要な平均単位時間を使うことによって，その期間の間に顧客に提供された資源量を測ることができたからである。この例の場合には，63万分のうち57万8,600分が顧客サービスに費やされ，未利用のキャパシティが5万1,400分存在していることが明らかにされる。

このように，時間主導型活動基準原価計算は，従来型活動基準原価計算では明らかにできなかった未利用キャパシティの存在を明らかにすることができ，その量，またそのコストも明示的に示すことができる。

キャプランとアンダーソンは，時間主導型活動基準原価計算の利点を以下のようにまとめている（Kaplan & Anderson, 2007, p.18, 前田他, 2008, pp.24-25)。

① 簡単かつ迅速に精緻なモデルを設計することができる。
② ERPと顧客関連経営管理システムから即時に入手できるデータとうまく統合できる。
③ コストを，それぞれの注文，業務プロセス，仕入先，及び顧客に関連する特別な性質を反映したドライバーを用いることにより，取引や注文に割り当てる。
④ 直近における操業の経済性をとらえるために毎月計算し直すことができる。
⑤ 業務プロセスの効率性とキャパシティの利用度を可視化できる。
⑥ 注文量と注文の複雑性の予測に基づいた資源キャパシティに関する予算の編成が可能となり，資源必要量を予測できる。
⑦ 会社全体に適用可能なソフトウェア及びデータベース技術を通じて全社モデルを容易に設計できる。
⑧ 迅速かつコストがかからないモデルのメンテナンスが可能になる。
⑨ 利用者が問題の根本原因を識別するための，有用できめ細かい情報を提供することができる。
⑩ 顧客，製品，流通チャンネル，セグメント，及び業務プロセスなどが複

雑な産業や企業にも，また多数の従業員がいて多額の資本支出を行っている産業や企業にも使用することができる。

5．おわりに

これまで見てきたように，活動基準原価計算（時間主導型活動基準原価計算を含んで用いている。）を導入することによって，色々なメリットを享受することができると思われる。ここでは，以下の点を指摘したい（小島，2003，pp.62-63）。

活動基準原価計算によって，資源は活動に割り当てられる。そして，最終的にはコストを把握したい対象に集計され，そのコストが把握される。公的部門の場合には，その多くが労働集約的な業務であり，コストの70～80％は人件費という場合が多い。そうすると，過大なコストが掛かっているところでは，業務が非効率な場合が多く見うけられる。すなわち，業務における問題箇所の発見に役立つことが期待される。従前のやり方では，定員の一律削減や予算の一律カットといった方法がとられることが多かったが，問題箇所にピンポイントで業務の改善を行うことができるようになる。

また，図書館の貸出コストに見られるように，このようなコスト情報は市民にとって理解しやすい情報である。すなわち，分かりやすいコスト情報の提供が可能となる。ともすれば，分かりにくいデータの集まりであった資料が，特に会計的素養を持たなくとも理解可能となるのである。

さらに，民間委託やPFIなどが多くの自治体で進められているが，それらが本当に業務を効率化し，コストの引き下げに役立っているのかを検証する際の指標としての役割を果たすことができる。比較指標としてのコスト情報である。民間委託を行ったけれども実際には地方自治体本体で行ったほうが安いということも考えられる。民間委託のほうが安いのかどうか，現在行っている業務のコスト計算は行われなければならない。

活動基準原価計算を導入するに当たっては，いろいろな点に注意しなければならないが，ここでは以下の2点を指摘しておきたい。

まず第1点目は，間接支援業務への活動基準原価計算の適用の問題である。

地方自治体における個々の直接的な業務については，問題なく適用されている。しかし，間接支援業務に関してはまだ問題点が多いように思われる。間接支援業務に関して，活動が詳細に設定されることなく，部署によって発生した原価を一括して集計し，何らかの配賦基準によって業務などに配賦計算が行われている。その手続は，伝統的な原価計算となんら変わることなく行われていることとなる。相対的に金額が小さければ大きな誤差を生じないであろうが，これから間接支援業務はますます増大していくものと思われる。それゆえ，間接支援業務に対しても，きちんとした活動基準原価計算を適用していくことが望まれる。

　また，活動基準原価計算は資源消費モデルである。活動基準原価計算においては，供給された資源を，利用された資源（利用資源）と利用されなかった資源（未利用資源）に区別したうえで，利用された資源のみによって製品等の原価を計算すべきであると考えられているからである。未利用資源を認識するに当たっては，実際的供給能力を事前に推計することが必要である。実際的供給能力とは，予算編成時の前提となった業務量である。地方自治体の人員配置は，事前に予定された業務量を前提として配置される。その際，未利用資源が存在する状態であれば，その未利用資源を認識する必要が生じてくる。特に時間主導型活動基準原価計算を導入することにより未利用資源をうまく明示できるかどうか今後の検討課題となるであろう。地方自治体の場合，未利用資源が認識された場合，他部局への職員の移動，常勤職員は閑散期を基準として配置し，必要に応じて他の職員の応援を求める，臨時職員を機動的に雇用するなどの方法が考えられる。しかしながら，これらは非常に多くの困難が予想される。活動基準原価計算やABMを通じて，果たすべき機能は何かが問われることとなる。

参考文献■

Cooper, Robin & Kaplan, Robert S. (1988). How cost accounting distorts product cost. *Management Accounting.* April, 1988, 10-22.

Kaplan, R.S. & Anderson, S.R. (2004). Time-driven activity-based costing. *Harvard business review,* vol. 82, no. 11, November, 131-138.（スコフィールド素子（訳）(2005)「時間主導型ABCマネジメント」『DIAMONDハーバード・ビジネス・レビュー』第30巻

第6号　ダイヤモンド社，135-145頁）。
―――――― & ―――――― (2007). *Time-Driven Activity-Based Costing*, Harvard Business School Press.（前田貞芳，久保田敬一，海老原崇監訳（2008）『戦略的収益費用マネジメント』マグロウヒル・エデュケーション，7-13頁，18頁）。

岡本　清（2000）『原価計算〈六訂版〉』国元書房，892頁。
小島卓弥（2003）「ABCによる行政コスト把握①行政コストの考え方」『地方自治職員研修』第36巻第1号，公職研，62-63頁。
櫻井通晴（1995）『間接費の管理　ABC/ABMによる効果性重視の経営』中央経済社，107頁。
櫻井通晴編著（2002）『企業価値創造のためのABCとバランスト・スコアカード』同文舘，30頁。
櫻井通晴（2004a）『管理会計〈第三版〉』同文舘，392頁。
――――（2004b）「ABCの意義とその経営管理上の役立ち」櫻井通晴編著『ABCの基礎とケーススタディ　改訂版』東洋経済新報社。
櫻井通晴監修，南　学・小島卓弥編著（2005）「地方自治体におけるABC・ABMとは」『地方自治体の2007年問題』官公庁通信社。
南　学（2000）「サービス原価を基礎にした「行革」議論を（上）」『地方行政』9314号，時事通信社，2-7頁。
吉田　博，梶原武久（2005）「行政サービスの外部委託と自治体ABC」『商学討究』第55巻第4号，小樽商科大学，167-194頁。

（会田　富士朗）

第 II 部

監査・税法

第5章　マウツ＝シャラフ『監査の哲理』についての
　　　　若干の考察
第6章　見えざる「税会計処理基準」の検討
　　　　―ビックカメラ事件を題材として―

第 5 章

マウツ＝シャラフ『監査の哲理』についての若干の考察

1．はじめに

　監査とは，実践的な学問分野である。理論的研究は，隣接する会計学に比較してきわめて限定されている。このようななか，1961年に公表されたイリノイ大学マウツ教授（R. K. Mautz），カイロ大学商学部シャラフ講師（Hussein A. Sharaf）の共著『監査の哲理』（*The Philosophy of Auditing*）は，監査の理論研究において屈指の学術書といわれている。その後，この本を凌駕する研究書は，監査の分野において出現していないといわれている[注1]。一方，公表から半世紀が経過した今，監査が十分に機能しないため粉飾事件が多発し，まさに監査実践は混迷を深めている。現代の監査実践を発展させるためにも，この研究書をもとに，今後，進むべき方向性を模索することは意義のあることであると思う。

　本章では，マウツ＝シャラフが示す監査の全体構造を明らかにした後，監査を哲学により基礎づけるとはどのようなことなのか，監査に科学的方法をどのように適用すべきなのか，監査の公準[注2]とは何か，監査の概念とは何かなどの検討を進め，最後に若干の考察を行いたい。

2．マウツ＝シャラフにおける監査の構造

　同書の第10章「監査の展望」では，「認識対象としての監査」として**図表 5 −**

第5章　マウツ＝シャラフ『監査の哲理』についての若干の考察　79

図表5-1　知識の一分野としての監査の構造

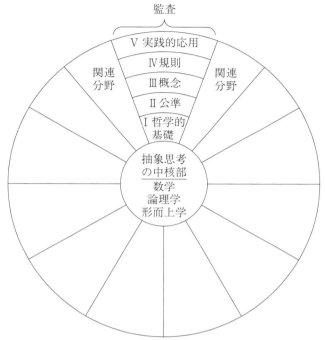

（出所）　Mautz & Sharaf, 1961, p.247より抜粋。

1に示した知識の一分野としての監査の構造を示している。

　まず，監査の包括的な外観を得るためには，5段階の構造をもつものとみなされなければならないとしている。その基礎には，もっとも基本的な学問分野である数学，論理学，形而上学などの抽象科学を基盤とする哲学的基礎がある。その哲学的基礎から公準が導き出される。そして，公準は根本概念の展開の土台を与える。つぎに，その概念構造が現れるが，それは，基礎的一般化であり，バラバラな理論を組織化するものである[注3]。これらの概念から，そしてその概念から力を引き出すことによって，実務家の手引きとなるような事実上の指針が現れる。これらは，規則（precepts）と表現されうるものだとされる。最後に実践的応用の上部構造があって，そこで規則が実際に適用される（Mautz & Sharaf, 1961, p.246）。

マウツ＝シャラフが扱っているのは，その表題が示すように図表5-1の「Ⅰ　哲学的基礎」から「Ⅲ　概念」までである。これは，実践がその規則に従い正しく展開されるならば，実践もまた理論の強固な基礎の上に立つことができるからである（Mautz & Sharaf, 1961, p.246）。

このように，哲学的基礎を強調した理由は，当時，多くの人々が，監査のことを理論とは反対の全く実践的な問題と考えており，監査とは，一連の実務ならびに手続，方法及び技術であって，しばしば「理論」と総称される説明，記述，調整及び論証を，ほとんど必要としない行為であると考えていたからである。しかし，著者たちは監査理論を解明することにより，監査人たちが直面している多くの錯綜した諸問題を，合理的な解決に導けるという信念を持っていた。すなわち，哲学的基礎がなくして監査実践の発展は望めないと考えていたからである。

3．監査研究に哲学は必要か

3.1　監査の哲学に対する3つの質問

監査の研究をするためになぜ哲学が必要なのだろうか。マウツ＝シャラフは，この疑問を次の3つの質問に分解している。その第1は，監査が哲学をもちうるような，あるいは持つべき性質のものであるかである。第2は，監査の哲学とはなにを指しているのかという質問である。第3は，監査人たちが，自分の哲学体系を選択する能力があるだろうか，また，あえて試みたとしても，確かな成功の見込みがあるかである（Mautz & Sharaf, 1961, pp.5-6）。

3.2　監査が哲学をもちうるか

まず，第1の質問であるが，監査以外の学問分野においても一定の成熟度に達すると，それらもまた目的や本質に疑問を持ちはじめ，哲学的な指導原理を探求しはじめるとしている。科学，歴史，教育，法律などの諸分野も，直面している問題だけにかぎらず，総体的な哲学的理解に十分に役立つことが認められている哲学を展開しているという。特に科学は，その哲学の展開に著しい成功を収めているが，その成功の大部分は科学そのものの批判的反省を試みたポ

アンカレのような人々に帰せられるべきものであるとしている。もちろん監査は，多くの科学が達しているほど，すすんだ段階にまで達していないものの，ある程度の内省のために思索し，また監査の前提や目的や方法について哲学的な検討を加えるのに十分な成熟段階には達しているとしている（Mautz & Sharaf, 1961, p.6）。

3.3 監査の哲学とはなにか

第2の質問に対しては，まず哲学とは何かが明らかにされなければならない。哲学とは，知識を求める態度であって，知識の蓄積そのものではない。哲学は叡知（sophia）を愛することであり，叡知を求めることである（Mautz & Sharaf, 1961, p.8）。したがって，哲学の研究方法（method of inquiry）として，物事について哲学するということは，物事をできるかぎり完全に理解しようと非常に粘り強く試みることを意味するとともに，「疑問」（questions）を展開させる手続であり，疑問は研究や理解を刺激する性質を持っていることであると指摘している[注4]。

こうした哲学の研究において認められている伝統的アプローチとして，分析的アプローチと道徳的・価値判断的アプローチが，監査の理論の展開に多くの成果をもたらすとしている。分析的哲学者は，人間の知識の範囲，諸方法及び限界に関する諸問題に関心を持ち，問題の用語の意味について研究が行われるならば，哲学上の多くの問題は解決されると考えている。一方，道徳に主たる関心をいだく哲学者は，人間の本質に関する教義，人生の望ましい目標，人の行為を導く原理を含む「人生哲学」を提起しているとしている[注5]。

この点，監査は，まさにその性質によって，多面的な課題のなかから，ある面は分析的アプローチに，そしてその他の面は，道徳的・価値判断的アプローチに頼っているとしている。たとえば，監査上の判断は，証拠の収集もしくは創造を通じてえられる信念の強さに依存しており，このことは，哲学において展開されている知識と証明の理論を必要としている。財務諸表のなかで主張されている諸事実が，論争の対象になったとき，確実な証拠から論証できる場合にかぎり，信念は正当なものとみなされる。その論証が厳密なものであればあるほど，結論はより正確であり，判断はいっそう信頼できることになる（Mautz & Sharaf, 1961, p.12）。一方，監査は社会的責任や職業倫理行為に関係を持つことから，道徳的・価値判断的アプローチにも頼っている（Mautz & Sharaf, 1961, p.11）。このように，マウツ＝シャラフにおける哲学は，分析的アプローチと道徳的・価値判断的アプローチを総合したものを想定している。

3.4 監査人は自分の哲学体系を選択する能力があるか

第3の質問に対して，マウツ＝シャラフは哲学者であり教育学者でもあるPhenix, P.H. の『教育の哲学』が，哲学者の3つの分類を示し，大哲学者や専門的哲学者以外に，第3の分類として自分自身の諸問題，諸目的，他人との諸関係に深い関心をもち，これらの事柄への解決方法を見出すために，考察や学習を続けている多数の知的で研究熱心な人々がいることを指摘している。哲学者のBrennan, J.G. の『哲学の意味』が，このような第3の分類の人々が，「哲学」という言い方をしても，基本的前提（basic presupposition）あるいは哲学の基礎的原理と関係しているとし，たとえば，歴史哲学は，ある特定の歴史学者が歴史解釈のさいに依存する基本的前提から生まれてくることから，監査人が，監査を哲学することに躊躇はないとしている。そして，専門的哲学者は，監査の領域でいかに研究を進めるかを教え，利用しうる方法や守るべき法則や範囲からの逸脱を示すことが任務とし，それから先は，監査人自身に研究を行わせて，監査の哲学を解明させるとしている（Mautz & Sharaf, 1961, p.7）。

4．哲学が必要とされる監査の本質とは何か

マウツ＝シャラフは，上記の哲学の2つのアプローチを監査において展開していくうえで，その対象となる監査の本質を明確にしなければならないとしている。

まず，監査の任務は，会計による測定や伝達の妥当性をレヴューすることである。監査は分析的であって，建設的な職能ではなく，会計上の測定や主張の根拠について，分析し，調査するもので，監査は財務諸表やデータを裏づけるための証明を重視する。すなわち，監査は，検証すなわち財務データの検査を行うが，その目的は，諸活動や財政状態を忠実に描写しているかどうかを判断

することである。このような財務データは主として目に見えない事実を主張するものであるから，それを検証するには，証明の技術や方法を応用する必要がある。ところで，論理学が，事実や結論や推定が，妥当なものであるか否かを確認する方法を扱っており，必然的にその考え方や証明の理論を提供していることから，監査の基礎となっているが，法律の基礎ともなっている。実際に，証拠に大きく依存している学問分野は，すべて論理学を基礎としている（Mautz & Sharaf, 1961, pp.14-15）。

このように監査は主たるよりどころを論理学に置くとともに，数学，行動科学，コミュニケーション理論，倫理学などから知識を借用している。すなわち，抽象的な観念を扱い，論理学，数学のような基本的学問に基礎をおき，諸公準，諸概念，諸技術及び諸規定からなる合理的な構造をもち，1つの学問と呼ぶに値するような，厳格な知的研究であるとしている（Mautz & Sharaf, 1961, pp.15-16）。

5．監査における科学的方法とは何か

5.1　科学的な方法

マウツ＝シャラフは，監査の哲学を展開するために，科学的方法論をとらなければならないとしている。これは，監査よりも成熟した学問が，科学的方法により発展しているからである。特に物理学者の成功が，問題への取組み方法，すなわち現在きわめて有用になってきた思考方法の発展に寄与するところが多いということである。方法論の研究者たちは，物理学以外の領域の研究や問題解決に利用するために，科学的な方法の本質を見出そうとして，その諸手続を研究してきた。その科学的方法とは，以下に示す精神的態度であると同時に，推論のための手続であるとしている（Mautz & Sharaf, 1961, p.19）。

5.2　精神的態度

科学者にとって，精神的態度とは，なによりもまず好奇心を絶えずもち続けることで，科学者は，自己の研究分野では哲学者の精神をもち，絶えず「なぜ」という疑問を抱くことである（Mautz & Sharaf, 1961, p.19）。一方，監査上の

態度とは,分析的アプローチを適用するとつぎの構成要素を含んでいるとしている。

① 判断が必要とされる事項について,第一に関心を持ち,究明することにかぎること。
② 判断を形成し,それを表明するにあたって,公平不偏の立場をとること。
③ 合理的に入手しうる証拠に基づいて,判断を形成し,表明することに基礎を置くこと。

監査上の態度は,関心の対象を究明する点では科学上の態度と共通している。しかし,その範囲は財務諸表の項目に直接関係のある事項であり,自然科学者の場合には,研究の範囲は無制限である点で異なっている(Mautz & Sharaf, 1961, pp.21-22)。

5.3 推論のため手続

マウツ=シャラフは,監査における科学的方法を検討するために**図表5-2**

図表5-2 科学における方法論的アプローチと監査における方法論的手続

科学における方法論的アプローチ	監査における方法論的手続
1.問題を示唆する予備的データの考察 2.問題の定式化 3.問題に関連する事実の観察 4.既知の知見の利用 5.仮説の公式化 6.仮説の含意の演繹 7.仮説のテスト 8.結論:仮説の確認または否認	1.複合的問題の認識 2.問題に関連する事実の観察 3.複合的問題を個別問題へ細分化 4.個々の個別問題に関連する利用可能な証拠の決定 5.利用可能な監査技術の選択及び適切な手続の開発 6.証拠を入手するための手続の実施 7.証拠の評価 　a.適切性及び有効性の観点 　b.追加的な問題の示唆 　c.判断形成への妥当性 8.判断の公式化 　a.個々の命題 　b.複合的問題

(出所) Mautz & Sharaf, 1961, p.24, p.27より筆者作成。

に示した科学における方法論的アプローチと監査における方法論的手続を示し相違を検討している。

 2つの方法には相当の相違があることは明らかであるが、興味ある類似性もあるとしている。両者が異なる点として3つ指摘されている。まず、科学者は決定的な証拠を得たと確信したときにかぎり満足するのに対し、監査人はその問題に関して、ありうる最良の証拠より劣る証拠で満足しなければならないことがある点である。これは監査人が許された時間と資金の限度内で結論を出さなければならないからである（Mautz & Sharaf, 1961, p.27）。

 第2は、実験をコントロールすることができるかどうかにかかわることである。科学における仮説の検証は、かならずではないが、ほとんど実験室の実験で行われ、1つまたはそれ以上の所与の要因の及ぼす影響をいっそう明確にできるように、いくつかの条件をコントロール可能である。しかし、監査は、2度行われることはない。また、2度行われたとしても、その結果は、実験室の実験を2度行うのと同じ意味をもつものではない（Mautz & Sharaf, 1961, p.31）。

 第3は、監査では、推論の妥当性の基盤となっている基礎的仮定もしくは公準が、全く説明されていないという事実にみられるとしている。マウツ＝シャラフは、科学者が、判断を下す分野の基礎的な諸仮定もしくは公準に頼っており、哲学者たちも、基礎的仮定もしくは公準をもたない分野はないと指摘している。これは、古典派経済学の完全競争の仮定であり、また科学における、物事がこれまでと同じように永続することを仮定する不変の法則（unfailing laws）であるとしている。そして、このような仮定なしでは、科学者の科学知識はほとんど無意味になると指摘している（Mautz & Sharaf, 1961, p.26）。そして、監査が推論の基礎にある仮定を明確に説明し認識できないことが、1つの弱点であり、監査がその主要な問題のいくつかを解決するときに遭遇する困難は、かなりの程度まで、その基礎的仮定を説明できないことに直接の原因があると指摘している（Mautz & Sharaf, 1961, p.32）。

 このように監査が科学とは異なる点が指摘されているが、両者の共通点として確率を使用している点が挙げられる。科学は、諸問題を解決する有効な方法として、統計学の方法と技術を利用している。監査は、確率論に依存しているという点で、科学的思考を応用する他の領域と似ている。検査される財務諸表

に関して，監査人が最終的な総合的判断を表明するのに，「意見」という用語を用いることは，監査に対する伝統的な確率論の影響を，もっともよく例証しているとしている（Mautz & Sharaf, 1961, p.33）。

6．監査公準

　マウツ＝シャラフは，アリストテレスが，「すべての論証的学問は，論証の不可能な原理から出発することが多い。さもなければ，論証の段階は，はてしなく連続するであろう」と述べているとし，論証の不可能な原理，すなわち基礎的仮定あるいは公準を必要としている（Mautz & Sharaf, 1961, p.37）。

　公準は，問題を検討し，かつ解決するための基礎を提供するのであり，もし，これらの公準から演繹的に理論を展開できれば，すべての結論を公準にさかのぼって跡づけ，少なくとも部分的には，基本的前提との適合性に基づいて，これらの理論を検証することができる利点がある。ただし，科学者も論理学者もともに，その主張のなかで，公準が新しい証拠に照らして役立たなくなったかどうかを調べるために，絶えず公準を検討しなければならないことを強調している（Mautz & Sharaf, 1961, pp.38-39）。

　したがって，監査が1つの知識的な学問分野としての資格をもち，その問題を解決し，専門職業の内外の批判に応えなければならないとすれば，これに類

図表 5 - 3　監査についての暫定的公準

第1公準	財務資料は検証可能である。
第2公準	監査人と経営者の間には利害の衝突の必然性はない。
第3公準	財務諸表は，共謀及びその他の異常な不正を含まない。
第4公準	内部統制は不正の蓋然性を排除する。
第5公準	一般に認められた会計原則と適正表示
第6公準	過去に真実と判定されたことは，将来でもそう判定される。
第7公準	監査人は，もっぱら監査人として行動する。
第8公準	職業専門家としての地位は，それに相応する責任を課する。

（出所）　Mautz & Sharaf, 1961, p.42参照。

似する公準を表明することが肝要であるとしている。そして**図表5-3**に示した8つの公準を，試案として示している。

7．監査理論上の概念

7.1　監査における概念の必要性

　監査が学問と呼ぶに値するような厳格な知的研究であるためには，論理学，数学のような基本的学問に基礎をおき，諸公準，諸概念，諸技術及び諸規定からなる合理的な構造をもつ必要がある。マウツ＝シャラフは上記の8つの公準を示したうえで，概念（concept）の構築に取り組んでいる。

　まず，なぜ概念が監査において必要とされるかである。観察と経験から帰納した抽象的形態が概念であり，概念がなければ，その分野の研究は，関連のない観察結果をただ集めているにすぎない。マウツ＝シャラフは，概念は，観察結果あるいは知覚を集合したものから一般性を引き出す過程において，概念的思惟が学問分野の体系に貢献するものであるとしている。そして，科学は，種々の重要な分野において概念を使用することにより，単純化と一般化に特に成功してきた。ここで，ここで記号論の哲学者であるLanger, S.K.の『記号論理学序説』からつぎの引用をしている。

　　「科学者は，つぎつぎに一層基本的な形態を抽出し（抽出した諸形態そのもの，もしくは諸概念そのものの間に類似性をみつけ，かくして数個の概念をまとめて一個の概念としつつ）前進してきたのである。また，科学者は概念をある種の一般的な形態にとどめることはなく，その概念にあてはまる事項をつぎつぎにみつけることによって前進してきたのである。」

　そして，『記号論理学序説』は，次のように，概念の重要性を強調している。

　　「事実，若干の有力な概念が，観察，実験，仮説というすべての分野，いわゆる1つの「科学」を体系化し，あるいは変革することができるのである。」

　監査においても，暗黙の仮定を検証し，研究し，また少なくともそのもっとも基本的な概念を展開しないかぎり，学問分野の体系化を求めることはできない。成熟しつつある学問として監査論は知識の体系化と整序化に努めなければ

ならないとされている。そして、監査論は、若干の基本的概念を緻密化する段階にきているとしている（Mautz & Sharaf, 1961, pp.54-55）。

7.2 概念の発展

まず、マウツ＝シャラフはカントの『純粋理性批判』より下記を引用し、知識の形成を示している。

「われわれの知識は、心のなかにある２つの主要な源泉から生ずる。第１の源泉は、表象を受け取ることのできる能力（印象における感受性）であり、第２の源泉は、これらの表象という手段によって認識する能力（概念的作用を行う自発性）である。」

人は知覚を持つと概念を構成しはじめる。正確、かつ、はっきりと観察できるか、あるいは、その他の方法で知覚を得ることができればできるほど、有用な概念を構成し、知識が形成されていく。しかし、言語なしでは、単純な観念さえも考察できないため。言語は概念化に不可欠である（Mautz & Sharaf, 1961, pp.56-57）。したがって、内容的にみれば、概念は特別な観念を表わし、また、言語面から考えれば、その観念の言語的象徴である特別な用語を表すことになる[注6]。

マウツ＝シャラフは、**図表5-4**に示すとおり、概念には４つの発展段階があるとしている（Mautz & Sharaf, 1961, pp.55-56）。

第１段階は、このように概念は、知覚したものを言語化すること、これは一定の問題に関連する事実を観察することである。第２段階は、観察して得られた資料を一般化することである。一般化するとは、用語を使用することである。そして、概念がますます十分に展開されるようになると、「系統的な原理」が形成され、第３段階は論理的体系の本質が明確となりはじめる。そして、単なる孤立した事実は、やがて個別概念となり、いまや互いに相互補完でき、かつ

図表5-4　概念発展の4段階

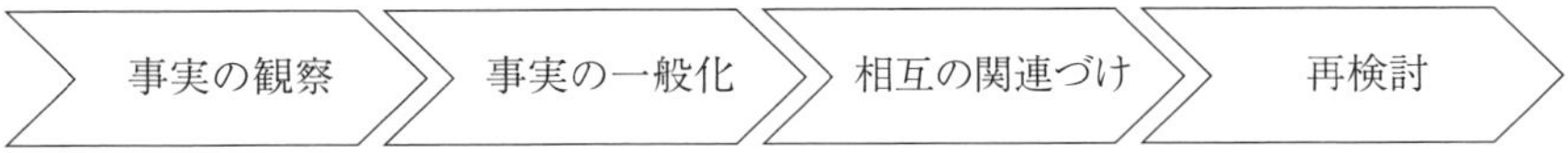

事実の観察 〉 事実の一般化 〉 相互の関連づけ 〉 再検討

（出所）筆者作成

互いに矛盾しない相関的な概念が現れてくる（Mautz & Sharaf, 1961, p.59）。最後の第4段階は，概括的に構成されている概念を十分に吟味・検討する段階である。この段階では，すでにかなりまとまっている概念は，その目的に役立っているか，さらに拡張するにふさわしいような意味を求めて探究されているかどうかを調べるために，批判的に検討される（Mautz & Sharaf, 1961, p.60）。

7.3 概念の類型

マウツ＝シャラフは，上記のような観察によって得られる概念を**図表5-5**のとおり分類している（Mautz & Sharaf, 1961, pp.61-64）。

図表5-5　概念の類型

	類　型	例	監査に関連する概念
その学問に属するもの	哲学的概念：特定の学問の分野に生ずるものでない	真理，確率，原因，証明，物理的対象，意味，必要性	真理，確率，証明，倫理行為
	固有概念，特殊概念：特定の分野の学問に生ずるもの	力学における加速度，化学における化学的中和，心理学における条件反射，植物学における異花受精，経済学における限界費用	証拠
概念の本質に関連するもの	観念的概念：現実にはなく擬制によるもの	経済人，代表的企業，慎重なる行動，完全競争	慎重なる行動，適正表示
	現実的概念：現実の事物，事象に関するもの	事業経営幹部	独立性，監査上の正当な注意

（注）　Mautz & Sharaf, 1961, pp.61-64を参照。なお，本図表の監査に関連する概念は，一部，筆者が作成記入した。

7.4 概念的アプローチ

マウツ＝シャラフは，監査において概念的アプローチをとるといっている。概念的アプローチをとる理由は，監査論が監査上の諸概念を厳密に検討することの必要な段階にきていることと，またもっとも広く認められている代替的方法すなわち数学的アプローチが監査論には適用できないことをあげている。も

ちろん，数学的アプローチはすべての科学の理想であり，また経済学のような分野においては，数学的アプローチがかなり成功している。社会科学であっても，相関関係や傾向をみるための数学的モデルの展開とその操作は非常に有用であることがわかっている。しかし，主として言語及び論理を用いて理論を展開し，ほんのわずかしか数学に依拠しない分野においては概念的アプローチが有用であるとしている（Mautz & Sharaf, 1961, p.64）。

　監査は，社会的責任や職業倫理行為に関係することから，道徳的・価値判断的アプローチに頼っていることは「2．監査研究に哲学は必要か」で記述したとおりである。また，監査は分析的アプローチに依拠しているが，この面においても科学が理想とする数学的アプローチのみを使用しているわけではない。これは，自然科学，特に物理学においては自然科学上の変数とその測定方法を容易に公式化して表現できるのに対して，監査はあくまで社会科学であって，そこでは，変数の多様性とその測定方法の限界が，その数学的モデルの展開を阻害しているからである（Mautz & Sharaf, 1961, p.64）。

8．5つの主要な概念

8.1　主要な概念

　それでは，監査はいかなる概念をもつべきなのであろうか。『監査の哲学』は，**図表5-6**に示した証拠，監査上の正当な注意，適正表示，独立性及び倫理行為の5つが，監査論の構造のなかで重要な地位を占めていると考えるとしている（Mautz & Sharaf, 1961, p.87）。

　『マウツ＝シャラフ』は，この5つの概念を同書の第5章「証拠」以降で説明している。ただし，マウツ＝シャラフでは，図表5-4の概念発展の4段階の第2段階にとどまっている。すなわち，第3段階の相互の関連づけは取り扱われておらず，いわば課題として残されている。もちろん，監査論の理論を哲学的基礎により示すことが目的であれば，第4章の監査理論上の諸概念まででにすでに相当部分が達成されていると考えられる[注7]。

　以下では，マウツ＝シャラフが示した5つの概念を簡単に紹介していくことにしたい。

図表 5-6　監査の主要概念

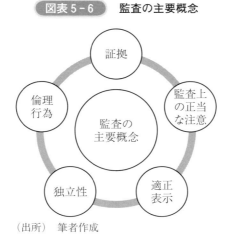

（出所）筆者作成

8.2　証　拠

　監査はその他の学問分野と類似し，監査人は，提出された財務諸表上の諸命題を合理的に判断するために証拠を求める。そして，適切な証拠をもとにして判断を下し，自己の意見を形成するまで，体系的手続あるいは方法論的手続に従うことによって，合理的に行動することができるのである。

　証拠は，単なる「信ずること（believing）」に対峙する「知ること（knowing）」として表現されるような確信状態に達しうることの手段を与えてくれる。すなわち，証拠は，「実在の一致」と表現されうるところの真実に達するために重要である（Mautz & Sharaf, 1961, p.70）。そして，この真実を得るために，「3. 哲学が必要とされる監査の本質とは何か」で記載したとおり，その方法論において論理学に依拠すべきなのである[注8]。

8.3　監査上の正当な注意

　独立監査人が職業的専門家としての義務を遂行するにあたって，その責任を判定するための基礎としての監査上の正当な注意の概念を確立しようとしてきた。この概念は，「仮定された慎重な実務家（an assumed prudent practitioner）」という考えと当該事情のもとで期待されている知識，技量，慎重さ及び敏感さという指標に基づいている（Mautz & Sharaf, 1961, p.139）。

なお，このような正当な注意の概念を体系的に述べることが困難なことは，不正・誤り（irregularities）の発見の問題と密接に関連していることを指摘している。不正・誤りのなかには，標準的な検査において当然に発見されるものもあれば，これを発見しようとすればその責任に耐えられないほどやっかいなものもある。しかし，監査人は，このような不正・誤りの発見に対して監査上の責任を明確に表現できるような，なんらかの重要な手がかりを不正・誤り自体の特徴のなかに見出すことはできない。このため，ここに自ずから慎重な人間という法律上の原理を考察し，これを監査に適用する必然性が生ずるとしている（Mautz & Sharaf, 1961, p.139）。

8.4 適正表示

監査は，企業の経営成績と財政状態の実態を描写する財務諸表の適正性（faithfulness）を取り扱うものである。監査の本質は，監査人が財務諸表の適正表示に関して，自己の専門的判断を下す仕事のなかに見出される。したがって，監査人の職業的地位の確保は自己の判断を下すにあたって考えられる責任のなかに見出される。それゆえに，適正表示の概念は監査における1つの重要な概念であって，その他の基本的概念とともに分析して研究する価値があるとしている（Mautz & Sharaf, 1961, p.158）。

8.5 独立性

独立性は，監査人にとって，その存在意義そのものである。『監査の哲学』は，1952年の公表された『CPAハンドブック』からつぎの独立性についての記述を引用しており，監査人の独立性の本質を突いていると思われる[注9]。

「…会計士が与えるところの信頼性に依存する人々は，債権者または投資家であったり，時には，従業員，消費者または政府機関であったりする。これらの人々の保護のためにこそ，独立した専門家としての意見が提供されるのであり，会計士は，これらの人々を知っていないとしても，このみえざる聴き手に対し職業上の意義深い義務を果たすために，たとえ解約されるかもしれないことを知っている場合であっても，時には委任者の意思に反したり，これを拒否したりしなければならない。これは，他のどのような職業にもみ

られない要件である。…」

このような，監査人の個々の実務家として事実上の独立性（real independence）に加え，監査人の職業集団としての外観的独立性（apparent independence）がある。これは，監査人の報告書を読む人々が独立性があると認めようとしないならば，監査人の報告書を読む人々が独立性はほとんど価値がないからである。そして，監査報告書の直接の利用者だけでなく，一般大衆も，この専門職業の独立性と誠実性に信頼をおかないならば，個々の実務家は，サービスを提供すべき最大の機会を失ってしまうからである。したがって，全体としての専門職業においてもまた，独立性を欠いているという，何らかの外観を避けなければならないのである（Mautz & Sharaf, 1961, pp.204-205）。

8.6 倫理行為

倫理の理論は，記録に基づいて思索が行われるようになって以来，哲学者の関心事とされてきている。哲学者は，人間の善について関心があるので，議論の内容は，少数の特定の職業人に対する倫理というよりは一般倫理の問題に向けられてきた。しかし，哲学者による一般倫理に関する研究成果は，特定の学問分野での適切な概念形成にとって基本的に重要なものであるとしている。そして，監査分野における倫理的行動は，哲学者が人間のために考案したところの倫理行為に関する一般論を特定の分野に適用することにほかならないとしている（Mautz & Sharaf, 1961, p.234）。

マウツ＝シャラフは，一般倫理を監査分野の倫理行動に適用するために，専門職業の特徴に着目している。特に，専門職業は，重大な個人的責任を伴う活動であり，同業者の自治における組織化の傾向があり，かなりの程度，献身的な動機づけがあるとしている（Mautz & Sharaf, 1961, p.236）。

そして，専門職業を行う者は，人間の行動が自己及び他の人々に及ぼす影響をよく知り，自己の住む社会の欲求をわきまえ，宗教的な法の尊厳を知り，義務を認め，常に自己が他の人々に欲することを他の人々に施す義務を感じ，さらに人間社会における倫理行為の規範を知ること，これらすべて個人にとって高度な倫理行為を達成するのに役立つことである。また，これらは専門職業にも同じようにあてはまる（Mautz & Sharaf, 1961, p.237）。

そして，監査が社会に対して有用な義務を提供し，しかもこの業務が継続されるべきであるならば，監査人にはこの種の業務を公衆に利用させるために専門的職業制度を保護する義務がある。長期的にみて社会の利益になることが明白である場合には，自分の立場から，業務内容及び業務の種類を責任をもって修正し変更することができるであろう。専門職業というものは，それに従事する人々が多かれ少なかれ高額の収入をうるためにあるのではなくて，むしろ社会に奉仕するために存するのである（Mautz & Sharaf, 1961, p.239）[注10]。

このように社会の将来のために，独立監査という専門職業を保護しようとするならば，そのような問題は心底からすべてのものの最善の利益になるように常に考えられなければならないとしている。そして，このことは，「2．監査研究に哲学は必要か」で示した道徳的・価値判断的アプローチにほかならないとしている（Mautz & Sharaf, 1961, p.239）。

9．監査実践の発展可能性と限界

9.1　監査実践を取り巻く状況

わが国の状況をみると，1990年以降のバブル経済崩壊後，粉飾事件が発生するたびに『監査基準』が改正され，また『品質管理基準』，『不正リスク対応基準』など新たな基準が公表されてきた。そのような意味で『監査の哲学』が述べるように監査は学問分野として発展段階にあるといっていいのかもしれない。ここでは，いくつか監査実践の発展可能性と限界について，『監査の哲学』を踏まえて，2点だけ若干の考察を行いたい。

9.2　監査人と経営者の対立関係

まず第一点は，マウツ＝シャラフの監査についての暫定的公準の第2公準で，「監査人と経営者の間には利害の衝突の必然性はない。」としていることである。この点，『マウツ＝シャラフ』は，経営者は，自らが指揮する企業の成長と繁栄に関心を持っており，監査人は，さまざまな重要な意思決定に必要な財務諸表の信頼性について保証を与えることによって，企業の多様な利害関係者に有益なサービスを提供しているとしている（Mautz & Sharaf, 1961, p.44）。した

がって，両者は企業の成長と繁栄にかかっており，本来，利害関係はないはずである。

これに対し鳥羽（2013）は，ロバートソン教授（Robertson, J.A.）が「監査人と被監査会社との間には，潜在的利害が存在する。」というマウツ＝シャラフと真っ向から対立する公準を主張していることを指摘している。この公準が認識されるようになったのは，アメリカの多国籍企業による会計不祥事が多発した1970年代で，その時代に頻発した会計不祥事や財務諸表監査の失敗等の現実を直視し，経営者と監査人との前提を置くべしという結論に至ったということである（鳥羽，2013, pp.200-201）。しかし，マウツ＝シャラフは利害の対立を想定していなかったわけではない。もし経営者と監査人が必然的に衝突するものであると仮定すれば，どうなるであろうかと自ら問いかけている。そして，実務的な立場から考えて，経営者の協力なしに監査を実施することは事実上不可能であることはさておき，経営者と監査人が衝突するという前提に基づいた監査は，たとえ実施できたとしても，きわめて広範囲にして精細な検査を必要とするであろうという結論になるであろうとしている（Mautz & Sharaf, 1961, p.45）。それは，経営者の陳述書はおろか，その管理下にある記録，文書は信頼できないことを意味する。そして，第三者に確認状を送ったとしても共謀の可能性を前提としなければならないので，証拠とはならない。したがって，不正調査の領域にはいり，不正スキームや捜査技法の知識を必要とし，弁護士や公認不正検査士等の専門能力が必要となると考えられる。

この点，科学上の方法と監査上の相違に関連して，マウツ＝シャラフが次のように指摘している。監査人は，つねに短期間に業務を行っており，監査人の結論は，どちらかといえば試論であることが多い。時間，スタッフもしくは経費について，制限のない監査契約はまれである。監査人はその調査活動のなかで，経済のきびしい現実とともに生きていかなければならない。これが監査上の判断の究極的な妥当性に，重大な影響を与えている監査環境の一面であるとしている（Mautz & Sharaf, 1961, p.30）。もし，意見を表明に足る証拠を集めることができないのであれば，「証拠」の概念による解決には限界がある。このため，監査人は「監査上の正当な注意」，「独立性」，「倫理行為」の概念により問題の解決を図っていかなければならない。

9.3 科学的方法の適用

　最後に，マウツ＝シャラフが科学的方法論をとらなければならないとしている点について指摘しておきたい。マウツ＝シャラフが書かれた時代と比較し，監査におけるリスク・アプローチが確立され，サンプリングなどの統計学が幅広く使用されるようになり格段の進歩を遂げた。また，企業情報のIT化に伴い，それに対応したITによる監査実践が浸透しつつある。これも，数学の利用である。証拠を入手するにあたり，証拠の量と質を上げていくことは，「監査上の正当な注意」の概念の適用である。そして，科学である以上，効率性を向上させていくことが求められるとともに，常に改善が必要とされる。

10. おわりに

　21世紀になった現在，粉飾事件により監査の実践は混迷を深めている。このことは，マウツ＝シャラフがいうように，監査が学問としていまだ成熟していないことを思い起こさせる。これは監査がきわめて実践的な分野であることを示しているとともに，監査を社会からわかりにくさせていることの1つの要因ともなっていると考える。

　粉飾決算による監査の失敗による社会からの批判だけに応えるため，監査の実践のみを対象とした改正により対応することは，監査の本質を見失うことになりかねない。こうした監査実践が揺れ動く中，監査の理論を哲学の視点から論じたマウツ＝シャラフが，現代のわれわれに提供しているものは決して少なくないと考える。

注

1　鳥羽至英『財務諸表監査　理論と制度』(2011) p.273では「このような学術的な香りを十分に含んだ研究書こそ，非常に複雑になった現在の監査実務のあり方や方向性を思惟するうえで必要と考えるのであるが，残念なことに，この本を凌駕する研究書は出現していない」とされている。

2　公準（postulate）は，公理のように自明ではないが，公理（axiom）と同じく証明不可能な命題であり，学問上・実践上において原理として承認されるものをいう（『岩波哲学小辞典』(2006) p.75）。さらに，公理とは，他の命題からは証明されず，直接に自明

な真理として承認され，他の命題の前提となる根本命題をいう（『岩波哲学小辞典』(2006) p.77）。ユークリッド原論などの古典的な数学観では，最も自明な前提を公理，それに準じて要請される前提が公準とされていた。カントは，公理とは，感覚的直観の条件をア・プリオリに表象するところのものであるとしている。ここで，ア・プリオリに認識するとは一切の経験に絶対にかかわりなく成立する認識という意味で使われている（カント『純粋理性批判』）。

3 マウツ＝シャラフは，監査理論を基礎づけるために，公理的方法（axiom method）をとろうとしたものと考えられる。公理的方法とは，一定数の命題を導くところの演繹的な体系構成方法であり，措定される命題は公理とよばれ，体系内のすべての述語を循環なしに定義することはできないので，最初に原始概念 primitive notion または無定義語 undefined term が前提とされる。古典的例にはユークリッド原論によるユークリッド幾何学があり，現代では記号論理学，集合論，群論などの数学の諸分野，ニュートン力学などにもこの方法が適用され，厳密な理論構成の典型的方法と考えられている（『哲学事典』(1992) p.481-482）。

4 Mautz & Sharaf, 1961, p.11において Larrabee H.A. の『哲学とは何か』p.61が引用されている。

5 Mautz & Sharaf, 1961, p.12において Brennan, J.G. の『哲学の意味』p.6が引用されている。

6 Mautz & Sharaf, 1961, p.57において Eubank E.E. の『社会学の概念』p.28を引用している。

7 ただし，同書の「序言」において，証拠の概念を明らかにする基礎として，公準論を展開する必要を認識し，さらに当然のなりゆきとして，監査の諸公準のみならず，監査の実務と研究の経験から示唆された他の諸概念についても検討を加えることとしたとされている。

8 Mautz & Sharaf, 1961, pp.87-110では，論理学者である Montague, W.P. の『認識の方法』により，論理学上の方法，監査上の証拠及び適用可能な監査技術を関連づけている。

9 こうした，監査人のほかにはみられない独立性については，栗濱竜一郎『社会的存在としての財務諸表監査』(2011) による卓越した研究がある。そこでは，義務の観点から監査人の社会的関係が論究されている。

10 Mautz & Sharaf, 1961, p.239では法律学者の R. ポンドの次の記述が引用されている。「専門職業とは公衆へのサービス精神を持ち，その天職において識者としての行動を追い求めるグループである。それは付随的には生活手段かもしれないが，あくまでも公衆サービスが本質である。」

参考文献

Mautz, R.K., & Sharaf, H.A. (1961), *The Philosophy of Auditing*, AAA（近澤弘治監訳『監査理論の構造』，中央経済社，1987年）。
カント『純粋理性批判　上』（篠田英雄訳，岩波文庫，2015年）。

栗田賢三・古在由重編，『岩波哲学小辞典』，岩波書店，2006年。
栗濱竜一郎『社会的存在としての監査』，中央経済社，2011年。

鳥羽至英『財務諸表監査理論と制度』，国元書房，2011年。
――――「財務諸表監査における懐疑主義の適用―職業的懐疑心の初期設定とその後の改訂―」，『早稲田商学』，第434号，2013年。
『哲学事典』，平凡社，1992年。

（鳥飼　裕一）

第6章

見えざる「税会計処理基準」の検討
―ビックカメラ事件を題材として―

1. はじめに

　最近の判決(注1)では,「裁判官の解釈権で会計依存主義を無条件に受け入れず,法人税法の公正会計処理基準たり得るか慎重な検討がなされるようになってきている」(成道,2016b,p.2)とされる。

　本章で取り上げる東京高裁平成25年7月19日判決(いわゆるビックカメラ事件,訟務月報60巻5号1089頁,TAINS Z263-12263)では,法人税法22条4項について,「『一般に公正妥当と認められる会計処理の基準』(税会計処理基準)」と表記し,「税会計処理基準」という名称を付し,日本公認会計士協会が公表した「特別目的会社を活用した不動産の流動化に係る譲渡人の会計処理に関する実務指針」(不動産流動化実務指針)に従った会計処理は,法人税法上相当なものとはいえないとの判決を下した。

　ここで示される「税会計処理基準」について検討を行うため,ビックカメラ事件高裁判決を整理・検討したうえで,「税会計処理基準」の意義を吟味し,内在する問題点の検討を行う。

2. 事案の概要

　X(原告・控訴人)は,家庭用電気製品の売買等を目的とする株式会社であり,本件事業年度中の平成20年6月以降その発行する株式を東京証券取引所市

場第一部に上場しているところ、これに先立つ平成14年に、資金の調達等の目的で、その所有する土地及び建物等を信託財産とする信託契約（以下、「本件信託契約」といい、これに係る信託財産を「本件信託財産」という）を締結したうえで、それに基づく受益権（以下、「本件信託受益権」という）を総額290億円で第三者に譲渡すること等を内容とするいわゆる不動産の流動化をし、これについて、法人税の課税標準である所得の金額の計算上本件信託受益権の譲渡をもって本件信託財産の譲渡と取り扱った内容の会計処理をして、以後、本件信託契約及びこれに関係する契約を終了させた本件事業年度までの間、この会計処理を前提とした内容の法人税の各確定申告をしていたが、その後、上記の不動産の流動化について本件信託財産の譲渡を金融取引として取り扱う会計処理をすべきである旨の証券取引等監視委員会の指導を受け、過年度の会計処理の訂正をした。

　本件は、本件事業年度の法人税について、Xが、上記のとおり、その前提とした会計処理を訂正したことにより、同年度の法人税の確定申告（以下「本件確定申告」という）に係る確定申告書の提出により納付すべき税額が過大となったとして、国税通則法（平成23年法律第114号による改正前のもの。以下「通則法」という）23条1項1号に基づき、更正をすべき旨の請求（以下「本件更正請求」という）をしたところ、豊島税務署長から更正をすべき理由がない旨の通知（以下「本件通知処分」という）を受けたため、その取消しを求めた事案である。

　原審は、本件更正請求において更正の請求をする理由とされたところは、通則法23条1項1号所定の更正の事由に該当しないから、本件更正請求について更正をすべき理由がないとしてされた本件通知処分は適法なものというべきであるとして、Xの請求を棄却する旨の判決をした。Xは、これを不服として控訴した。

3．争　点

　本件の争点は、本件通知処分の適法性であり、具体的には、Xの本件事業年度の法人税の所得の金額を計算するに当たり、平成14年8月期にされた本件信

託受益権の譲渡について，本件確定申告後に不動産流動化実務指針に従って金融取引処理に訂正したＸの会計処理が，法人税法上相当なものといえるか否かである。

4．東京高裁の判断

（東京地裁平成25年2月25日判決（訟務月報60巻5号1103頁，TAINS Z263-12154）も同旨）

（1）　法人税法は，資産又は事業から生ずる収益に係る法律関係を基礎に，それが実質的には他の法人等がその収益として享受するものであると認められる場合を除き，当該収益が法律上帰属する主体に着目して，法人税の課税に係る同法の規定の適用のあり方を決するものとするところ（同法11条），旧法人税法12条1項本文は，信託財産に帰せられる収入及び支出について，受益者が特定している場合は，その受益者が当該信託財産を有するものとみなして，法人税法の規定を適用する旨を定めているが（なお，平成19年法律第6号附則34条の規定により，本件信託契約に係る信託については，上記の規定が適用される。），これは，信託が，財産の所有及びその管理等とその利益とを分離して，信託の利益を受益者に享受させるものである（平成18年法律第109号による改正前の公益信託に関する法律〔いわゆる旧信託法〕1条，4条，7条，信託法2条1項，5項ないし7項参照）ことから，このような実質に即し，法人税法上，信託財産に帰せられる収入及び支出は受益者に帰属するものとして取り扱うこととしたものと解される（なお，土地信託に関する通達3-1及び3-2参照）。

そして，一般に不動産を信託財産とする信託契約に基づく受益権を有償で譲渡した場合には，有償による資産の譲渡にあたり，これにより収益が生じたというべきところ，本件不動産流動化取引の経緯は，前提事実のとおりであり，Ｘは，平成14年8月23日，Ｆに代金290億円で本件信託受益権を譲渡する旨の本件信託受益権譲渡契約を締結し，平成14年8月期から本件事業年度までの間のＸの各事業年度において，Ｘについては，本件信託受益権譲渡契約及び本件買戻契約に基づく本件信託受益権の各譲渡を含む本件不動産流動化取引及び

その終了に係る取引により，それらの取引に関してされた合意により形成された法律関係に従って，本件信託受益権の譲渡の対価その他の各種の収入があったものとして会計処理をしたものであって，それらが実質的には他の法人等がその収益として享受するものであったことや，上記の各合意の内容と取引の実態との間にそごがあったこと等をうかがわせる証拠ないし事情は見当たらない。そのうえで，Xは，上記のように既に収益として実現済みであるその収入したところを，旧法人税法12条1項本文，法人税法22条2項等の規定に従い，それらを収入する原因となった法律関係に従って，有償による本件信託受益権の譲渡等の取引に係る各事業年度の収益の額に当たるものとして，各金額を当該事業年度の益金の額に算入するなどし，各事業年度の所得の金額を計算して，法人税の確定申告をしたものである。Xが上記のとおり本件信託受益権譲渡等の取引により収益があったとして会計処理をし，当該事業年度の益金の額に算入して所得の金額を計算したことが実体ないし実質を欠くものであったということはできない。

(2)ア　ところで，本件においては，本件不動産流動化取引に係る会計処理について，金融取引処理を前提とした会計処理をすべきである旨の判断の下に本件行政指導及び本件課徴金納付命令がされており，Xも，財務諸表等規則に基づく子会社の認定に誤りがあった等として，不動産流動化実務指針に従った内容の金融取引処理を前提とした過年度の会計処理の訂正等をしたものであるところ，法人税の課税標準である各事業年度の所得の金額の計算について，法人税法22条4項は，益金の額の算定の基礎である収益の額並びに損金の額の算定の基礎である原価，費用及び損失の額は，「一般に公正妥当と認められる会計処理の基準」(税会計処理基準)に従って計算されるものとする旨を定めている。

イ　①法人税法22条4項の定めは，税法といわゆる企業会計原則との調整に関する議論を経て，政府税制調査会が，昭和41年9月，「税制簡素化についての中間報告」において，課税所得は，本来，税法・通達という一連の別個の体系のみによって構成されるものではなく，税法以前の概念や原理を前提とするものであるが，絶えず流動する社会経済の事象を反映する課税所得については，税法において完結的にこれを規制するよりも，適切に運用されている会計慣行に委ねることのほうがより適当と思われる部分が相当多く，このような観点を

明らかにするため，税法において，課税所得は納税者たる企業が継続して適用する健全な会計慣行によって計算する旨の基本規定を設けるとともに，税法においては，企業会計に関する計算原理規定は除外して，必要最小限度の税法独自の計算原理を規定することが適当である旨の「税制簡素化についての中間報告」を発表し，次いで，同年12月，これと同旨の「税制簡素化についての第一次答申」を発表したことを受け，昭和42年度の税制改正において新設されたものであり，②同項の税会計処理基準とは，客観的な規範性を有する公正妥当と認められる会計処理の基準を意味し，企業会計の実務のなかに慣習として発達したものの中から一般に公正妥当と認められたところを要約したものとされるいわゆる企業会計原則をいうものではなく，同項は，企業が会計処理において用いている基準ないし慣行のうち，一般に公正妥当と認められないもののみを税法で認めないこととし，原則としては企業の会計処理を認めるという基本方針を示したものである。

　このような同項の立法の経緯及び趣旨のほか，同項が，「企業会計の基準」等の文言を用いず，「一般に公正妥当と認められる会計処理の基準」と規定していることにも照らせば，同項は，同法における所得の金額の計算に係る規定及び制度を簡素なものとすることを旨として設けられた規定であり，現に法人のした収益等の額の計算が，適正な課税及び納税義務の履行の確保を目的（同法１条参照）とする同法の公平な所得計算という要請に反するものでない限り，法人税の課税標準である所得の金額の計算上もこれを是認するのが相当であるとの見地から定められたものと解され（最高裁平成５年判決参照），法人が収益等の額の計算に当たって採った会計処理の基準がそこにいう「一般に公正妥当と認められる会計処理の基準」（税会計処理基準）に該当するといえるか否かについては，これを不動産を信託財産とする信託契約に基づく受益権を有償で譲渡した場合についていうならば，同条２項が，別段の定めがあるものを除き，有償による資産の譲渡により収益が生じる旨規定しており，一般に不動産を信託財産とする信託契約に基づく受益権を有償で譲渡した場合には有償による資産の譲渡にあたり，これにより収益が生じたというべきであることをも踏まえて判断すべきであって，企業会計上の公正会計基準として有力なものであっても，当然に同条４項にいう「一般に公正妥当と認められる会計処理の基

準」に該当するものではないと解するのが相当である（なお，同法，商法及び企業会計原則の三者の会計処理において，近年，それらの間の差異を縮小する調整よりも，それらの各会計処理それぞれの独自性が強調され，三者間のかい離が進んでいる旨の指摘や，企業会計にいわゆる国際会計基準を導入した場合，企業会計の指向と法人税の理念とが相反することが予想される旨の日本公認会計士協会の研究報告があり，同項の税会計処理基準が公正会計基準と常に一致するものではないことは，一般に当然の前提として理解されているものということができる。）。

ウ　そして，不動産流動化実務指針が税会計処理基準に該当するか否かについては，同指針は，①特別目的会社を活用した不動産の流動化（不動産を特別目的会社に譲渡する〔不動産の信託に係る受益権を譲渡した場合を含む。同指針19項〕ことにより，当該不動産を資金化することをいう。同指針2項）に係る譲渡人の会計処理についての取扱いを統一するために取りまとめられたものであり（同指針1項），②当該不動産を売却したものとする取扱いをするか否かについては，当該不動産が法的に譲渡されていること及び資金が譲渡人に流入していることを前提に，「リスク・経済価値アプローチ」によって判断するものとし（同指針3項），③具体的には，当該不動産が特別目的会社に適正な価額で譲渡されており，かつ，当該不動産のリスク（経済環境の変化等の要因によって当該不動産の価値が下落することをいう。同指針4項）及びその経済価値（当該不動産を保有，使用又は処分することによって生ずる経済的利益を得る権利に基づく価値をいう。同項）のほとんどすべてが譲受人である特別目的会社を通じて他の者に移転していると認められる場合には，譲渡人は当該不動産の譲渡を売却取引として会計処理するが，そのように認められない場合には，譲渡人は当該不動産の譲渡を金融取引として会計処理するものとしたうえで（同指針5項），④このリスク及び経済価値の移転の判断については，譲渡人に残るリスク負担割合がおおむね5％の範囲内であれば，不動産のリスク及びその経済価値のほとんどすべてが他の者に移転しているものとして取り扱い（同指針13項），⑤その際，譲渡人の子会社等が特別目的会社に出資をしていること等により，当該子会社等が当該不動産に関する何らかのリスクを負っている場合には，当該子会社等が負担するリスクを譲渡人が負担するリスクに加え

第6章 見えざる「税会計処理基準」の検討 105

てリスク負担割合を判定するものとする（同指針16項）旨を定めている。

　このように，同指針は，その対象を同指針にいう特別目的会社を活用した不動産の流動化がされた場合に限って，当該不動産又はその信託に係る受益権の譲渡人の会計処理についての取扱いを定めたものであり，当該不動産又はその信託に係る受益権の譲渡を当該不動産の売却として取り扱うべきか否かについて，当該不動産等が法的に譲渡され，かつ，その対価を譲渡人が収入しているときであっても，なお，子会社等を含む譲渡人に残された同指針のいう意味での不動産のリスクの程度を考慮して，これを金融取引として取り扱うことがあるとしたものである。

　他方，法人税法は，すでに述べたとおり，適正な課税及び納税義務の履行を確保することを目的とし，資産又は事業から生ずる収益に係る法律関係を基礎に，それが実質的には他の法人等がその収益として享受するものであると認められる場合を除き，基本的に収入の原因となった法律関係に従って，各事業年度の収益として実現した金額を当該事業年度の益金の額に算入するなどし，当該事業年度の所得の金額を計算すべきものとしていると解されるところ，当該事業年度の収益等の額の計算に当たり，本件におけるように，信託に係る受益権が契約により法的に譲渡され，当該契約に定められた対価を現に収入した場合（この場合に同法上収益の実現があったと解すべきことは明らかである。）において，それが実質的には他の法人等がその収益として享受するものであると認められる場合ではなくても，また，同法において他の法人との関係を考慮することができると定められたときにも当たらないにもかかわらず，なお，他の法人との関係をも考慮し，当該収入の原因となった法律関係を離れて，当該譲渡を有償による信託に係る受益権の譲渡とは認識せず，専ら譲渡人について，当該譲渡に係る収益の実現があったとしないものとする取扱いを定めた同指針については，すでに述べたところを目的とする同法の公平な所得計算という要請とは別の観点に立って定められたものとして，税会計処理基準に該当するものとは解し難いといわざるを得ないものである。

　(3)ア　Ｘは，税会計処理基準と公正会計基準が一致する旨をいうものと解される主張をし，その根拠として，①法人税法22条４項を，その文理に従って素直に解釈すれば，税会計処理基準とは公正会計基準をいうものと解されるし，

そのように解した場合に生ずる不都合については，同条2項の「別段の定め」で対処すべきであり，同法固有の立場から公正会計基準の一部が税会計処理基準に該当しないとすることは，「別段の定め」を置くことが認められた趣旨を没却するものである，②新たな企業会計の基準等が設けられるにせよ，それらは，少なくとも，一定の範囲で，一定の条件の下に，税会計処理基準の内容となり得るのであるから，このことは，企業会計と同法上の税務処理とのかい離を基礎づけるものとはいえない，③同条4項の立法の経緯や趣旨は，むしろ，税会計処理基準が公正会計基準と一致すべきものであることを基礎づけるものといえる，④被告の主張によれば，税会計処理基準が不確定な概念となることは明らかであり，申告納税方式の下においては，実質的にも，税会計処理基準の解釈及適用について納税者に不可能を強いることとなるものであって，租税法律主義（課税要件明確主義）に反する旨を，それぞれ主張する。

　しかし，Xの上記①及び③の各主張に関する当裁判所の判断は，すでに前記(2)に述べたとおりであって，Xのこれらの主張は，いずれも採用することができず，また，その余の主張についても，すでに述べたところを前提に検討すれば，次に述べるとおり，いずれも採用することができないものというべきである。

　すなわち，上記②の点については，新たに設けられた会計処理の基準が公正会計基準に適合するものであったとしても，それが税会計処理基準に該当するか否かは，前記(2)に述べたような法人税法としての観点からの検討を要するものであるし，税会計処理基準に該当しない会計処理の基準が生じ得ることは，上記②のXの主張に照らし，Xも自認するところであるから，その主張は，前提を欠くものというべきである。

　また，上記④の点についても，本件不動産流動化取引との関係において不動産流動化実務指針が税会計処理基準に該当するものであるか否かに関して，前記(2)に述べたように同法22条4項等の立法の経緯等を踏まえた解釈をすることをもって，課税要件明確主義に反するものとはいえないと解されるし，旧法人税法12条1項本文の規定や土地信託に関する通達3-1及び3-2の定めがあったことに照らせば，前記(2)のように解釈することをもって，申告納税制度の下における納税者にきわめて困難な判断を求めるものであるとか，予見可能性を害するものであるなどと評価することも困難というべきである〔なお，本件信

託受益権の各譲渡について，Ｘが本件信託財産である不動産を譲渡したものとする各確定申告をしていたことは，前提事実のとおりである。〕。

　イ　Ｘは，不動産流動化実務指針が税会計処理基準に該当するものである旨を主張し，その根拠として，①法人税法が採る実現主義ないし権利確定主義の立場に沿う会計処理基準は複数存在し得るところ，同指針は，実現主義ないし権利確定主義の観点から合理的なものといえる「リスク・経済価値アプローチ」の基準を採用したものであり，実現主義ないし権利確定主義を採る税会計処理基準に該当するといえる，②同指針が，子会社等のリスクを考慮してリスク負担割合を判定するものとしていることは，同指針が税会計処理基準に該当しないものであることを基礎づけるものではなく，仮に，子会社等のリスクを考慮することに問題があるとしても，それは同法22条2項の「別段の定め」で対処すべきであるのにそれがされていないことによる結果である，③同指針の取扱いを前提とした会計処理をした場合に譲渡人と譲受人との間での税務処理が異なることがあるとしても，そのような事態は同法上しばしば生ずることであり，現に，法人税基本通達12の5-2-3もそのような税務処理を認めている旨を，それぞれ主張する。

　しかし，Ｘの上記①及び②の各主張に関する当裁判所の判断は，すでに前記(2)に述べたとおりであって，Ｘのこれらの主張は，いずれも採用することができない。

　また，Ｘの上記③の主張についても，すでに述べたところを前提に検討すれば，やはり採用し難いものというべきであり，Ｘが根拠として掲げる同通達の定めについても，金銭の貸借とされるリース取引について定める同法64条の2第2項の規定の適用がある場合に，当該リース取引が金融取引（金銭の貸付け）として取り扱われることに伴い，その譲渡人が譲受人に支払う金額については，本来であれば通常の金融取引における元本と利息の区分計算の方法に準じた処理をすべきところ，これとは異なる一定の簡便な処理を認めたものであり，当該譲渡人及び譲受人が，当該リース取引が金融取引であることを前提に，元本と利息の区分計算の方法についてそれぞれ異なる処理をすることを認めるにとどまるものであるから，その適用の対象となる場合と事案を明らかに異にする本件に直ちに妥当するものではなく，前記(2)に述べた当裁判所の判断を左右す

るには足りないものというべきである。

　なお，Xは，本件不動産流動化取引に係る会計処理について売却取引処理を前提とした税務処理をすべきであるとすることは，本件行政指導及び本件課徴金納付命令における証券取引等監視委員会及び金融庁の見解と異なるものであるから，行政判断のいわゆるダブルスタンダードというべきものというべきであって，著しく不当である旨を主張するが，適用される法律の定めが相違することを考慮することなくされたその主張を採用することができないことは，すでに述べたところに照らして明らかというほかない。

　(4)　以上に述べたとおり，本件不動産流動化取引との関係において，不動産流動化実務指針は，法人税法22条4項の税会計処理基準には該当せず，また，当該取引についてXの主張するような取扱いをすべき同条2項の別段の定めは見当たらない。

5．検　討

5.1　法人税法22条4項と税会計処理基準の関係

　法人税法22条4項に定める「一般に公正妥当と認められる会計処理の基準」は，一般に「公正処理基準」とも呼ばれ，企業会計の利益から誘導的に法人税法の課税所得に至らせる役割を果たしている。

　このような役割は，本判決でも指摘されるように「簡素化」の観点から昭和42年に導入されたものであるとされ，「法人の各事業年度の所得の計算が原則として企業利益の算定の技術である企業会計に準拠して行われるべきこと（企業会計準拠主義）を定めた基本規定」（金子宏，2015，p.316）と説明される。

　この基本規定である法人税法22条4項であるが，「一般に公正妥当と認められる会計処理の基準」とは何かが明らかではないことに問題があり[注2]，本件でも，この点が問題とされている[注3]。

　そして，「一般に公正妥当と認められる会計処理の基準」が何であるかについては，2つの考え方があるとされる。1つは，「会計基準を租税法の簡素化のために利用（借用）することを認めた規定と解」（岡村，2014，p.143）するものであり，もう1つは，「租税法外の領域に会計基準といえるものが存在し

ない場合にも，租税法の観点から会計基準を策定することができる」(岡村, 2014, p.143) とするものである。

この点は，公正妥当性をどのように判断するかという問題でもある。つまり，「さまざまな会計処理方法のうち企業会計上妥当と考えられる会計処理方法を法人税法はそのまま受け入れるもの」(川端, 2015, p.22) と考えるか，「法人税法の趣旨目的や構造に照らして法人税法独自の観点から公正妥当と認められるもの」(川端, 2015, p.22) と考えるかである。

ここで，本判決の特徴的な表記として，「『一般に公正妥当と認められる会計処理の基準』(税会計処理基準)」がある。また，本判決では，この「税会計処理基準」[注4]は，企業会計上の「公正会計基準」とは異なるものであると判示している。

本判決を，このような特徴的な表記を用いて，上記の考え方に当てはめてみると，「税会計処理基準」と「公正会計基準」が異なると明記しているように，公正妥当性は法人税法独自の観点から判断するものとし，かつ，この法人税法独自の観点からの判断により「公正会計基準」と思われる不動産流動化実務指針は，法人税法22条4項の「税会計処理基準」には該当しないとしている。そして，本件は「租税法外の領域に会計基準といえるものが存在しない場合」として，「公正会計基準」(金融取引処理) とは異なる租税法の観点からの会計処理 (売却取引処理) を定めたということになろう。

5.2　見えざる「税会計処理基準」

5.1で示したように，本判決では，公正妥当性は法人税法独自の観点から判断することとしている。ここで，問題となるのが，法人税法独自の観点から判断するということに関する予測可能性である。そもそも，法人税法に規定があれば，(その規定が妥当なものか等の議論は生じうるとしても) 予測可能性という点では問題は生じない。しかし，法人税法の規定がない場合には，「法人税の趣旨目的に照らしてその公正妥当性を判定する」(川端, 2015, p.23) という解釈になり，本判決でも「同法22条4項等の立法の経緯等を踏まえた解釈をすることをもって，課税要件明確主義に反するものとはいえないと解される」と判示されている。

近年の法人税法改正においては，課税ベースの拡大または課税ベースの適正化として，引当金の廃止等が行われ，課税所得をより大きくする改正が多く行われている。このような政策的な課税所得の拡大は，法人税法の趣旨目的を混濁させているものと思われる[注5]。

このような状況において，「同法22条4項等の立法の経緯等を踏まえた解釈」により十分に予測可能な状態にあるとは言い難い[注6]と思われ，予測可能性のない見えざる税会計処理基準という位置づけになるものと思われる。

5.3　見えざる「税会計処理基準」の背景にある企業会計の現状

このような見えざる「税会計処理基準」の背景には，現在の企業会計が従来以上に税務上利用しづらい状況（簡素化になじまない状況）にあると思われる。

企業会計では，会計基準の多線化が進み，大企業向けとして，いわゆる日本基準（企業会計原則や企業会計基準等）以外にも，米国基準，指定国際会計基準，修正国際基準の適用が認められている。また，中小企業向けの会計として，「中小企業の会計に関する指針」と「中小企業の会計に関する基本要領」も公表されている。

これらの会計基準においては，資産負債アプローチを重視する会計基準（米国基準，指定国際会計基準，修正国際基準）と収益費用アプローチを重視する会計基準（日本基準）があり，会計観の差異から生ずる会計処理の差異[注7]が存在する。

当然，パッケージとしての会計基準の選択であり，個々の会計処理レベルでの選択はできないが，1つの経済事象に対し，（採用する会計基準が異なれば）異なる会計処理が規定されている状態にある。この状況に関し，「法人が節税に適う会計基準を選択するとなれば，これは『逆基準性』の問題になる」（成道，2016a，p.61）との指摘がある。

また，会計基準の設定に関しても，整理が必要であると思われる。企業会計原則は，昭和24年に経済安定本部企業会計制度対策調査会から中間報告として公表され，その後大蔵省（現在は金融庁）の諮問機関である企業会計審議会により改訂されていく。「企業会計原則は，将来において，商法，税法，物価統制令等の企業会計に関係ある諸法令が制定改廃される場合において尊重されな

ければならないものである。」[注8]のように諸法令の制定改廃にまで影響を及ぼし得る記述になっているのは，経済安定本部の権威性によるものであろう。

そして，現在では，基本的に企業会計原則は変更せず，企業会計基準を公表することで新たな会計基準の設定を行っている。そして，企業会計基準の公表は民間団体である企業会計基準委員会である。さらに，企業会計基準の具体的な処理等について，公認会計士協会による実務指針が公表されている。

これらの企業会計基準や実務指針は，金融商品取引法に関し一定の規制[注9]となるものであるが，あくまでも民間団体が公表したものと位置づけられる。民間団体が公表したというだけで，税務で利用できないはずはないと思われるが，「不動産流動化指針5項等は，投資家にリスクが及ぶことを防止するという限定的な目的をもった指針であるのみではなく，企業会計原則・同注解よりもランクの低い会計基準であること」（金子宏，2015，p.320）との指摘もあり，「会計基準のランク」も考慮すべき要素となる可能性がある。また，企業会計基準や実務指針は，大企業向けの複雑化した会計基準という性格が強調されており，金融商品取引法の適用のない法人に対して，どの程度実効性ある会計慣行として機能しているかという問題も考えられる。

このような企業会計における現状を踏まえ，多線化の進む企業会計の基準設定の現状も考慮し，「一般に公正妥当と認められる会計処理の基準」を検討する必要があるものと思われる。

5.4 見えざる「税会計処理基準」と実現主義

本判決では，「税会計処理基準」なる表現により，法人税法22条4項を捉え，公正妥当性の判断は，法人税法独自の観点によるものとした。そのうえで，不動産流動化実務指針に従った金融取引処理を排除し，売却取引処理を採用している。ここからは，売却取引処理を採用した根拠を検討する。

本判決では，「法人税法は，すでに述べたとおり，適正な課税及び納税義務の履行を確保することを目的とし，資産又は事業から生ずる収益に係る法律関係を基礎に，それが実質的には他の法人等がその収益として享受するものであると認められる場合を除き，基本的に収入の原因となった法律関係に従って，各事業年度の収益として実現した金額を当該事業年度の益金の額に算入するな

どし，当該事業年度の所得の金額を計算すべきもの」と適正な課税等の目的とともに実現による収益（益金の額）の計上を判示している。

また，「信託に係る受益権が契約により法的に譲渡され，当該契約に定められた対価を現に収入した場合（この場合に同法上収益の実現があったと解すべきことは明らかである。）」とし，本件における実現の要件が満たされていることを示し，不動産流動化実務指針に従った金融取引処理を排除したものと思われる。

この点については，「企業会計原則・同注解は，実現主義・権利確定主義を採用しており，法人税法も，同原則注解に従い，特別の規定のない限り，所得は実現の時点で権利確定主義に従って課税されるべきであるという考え方をとっていると解すべきである」（金子宏，2015，p.320）ことを根拠に，本判決を正当と解する見解もある。また，「流動化実務指針の『リスク・経済価値アプローチ』基準は，適正な期間損益計算を行うために企業会計上で確立されている収益認識基準である『実現主義』とは異なる基準である」（藤曲，2013，p.155）との指摘もある。

より具体的には，「企業会計上，本件の実務指針が一定の範囲で流動化スキームの資産譲渡を認識せず金融取引として処理してよいとするのは企業会計上実現主義から乖離しているから，企業会計上の実現主義を前提とする権利確定主義による法人税法においては，法人税のスクリーニングとしての公正妥当性を充たすことができないというのが裁判所の考えのようである」（川端，2015，p.23）との指摘がある。本判決が売却取引処理を採用した根拠には，実現主義の存在が考えられる。

法人税法でも，収益認識については，実現主義が原則であり，具体的には権利確定主義が妥当すると説明される（金子宏，2015，p.321）。しかし，法人税法にも，権利確定主義の例外があり，この例外としては，延払基準，工事進行基準，金融商品や短期売買商品における時価評価等が挙げられる。

ここで，金融商品に関しては，キャッシュポジションと考えられる性格[注10]もあり，実現主義による収益認識よりも，時価評価のほうが妥当するという考え方もある。また，法人税法でも，「デリバティブ取引を利用した租税回避を防止する必要」（金子宏，2015，p.325）もあり，一定の金融商品には権利確定主義ではなく，時価評価による課税を行っている。

本件のような「事業上の理由により第三者によって使用されてはならない不動産（受益権）を約5年で買い戻す全体の流動化スキーム」（川端，2015，p.24）について，安易に実現主義を形式的に判断することは妥当ではないものと思われる。

　「一般に公正妥当と認められる会計処理の基準」の検討において，企業会計と法人税法におけるそれぞれ経済事情の捉え方を吟味し，その差異が著しく拡大しているのであれば簡素のために企業会計を用いることが難しい(注11)状況になることも考えられる。

6．おわりに

　本章では，ビックカメラ事件で判示された，「一般に公正妥当と認められる会計処理の基準」を「税公正処理基準」とする考え方について検討を行った。法人税法独自の観点で公正妥当性を判断することについては，予測可能性に問題があり，納税者からは見えざる「税公正処理基準」となることを指摘した。特に，近年の課税ベースの拡大に向けた改正により，法人税法の趣旨目的が混濁していることや，会計基準の多線化が生じているなかで，公正妥当な会計処理をどのように認識するか，等の問題が生じている。

　なお，本判決による「税公正処理基準」を通じた売却取引処理の結論には，実現主義が考えられる。実現主義については，企業会計においても多くの議論が残されており，今後も「一般に公正妥当と認められる会計処理の基準」のあり方を考える重要なキーワードとなるものと思われる。

注■

1　法人税法22条4項に関しては，本稿で取り上げるビックカメラ事件以外にも，オリックス銀行事件（東京高裁平成26年8月29日判決，TAINS Z888-1897）があり，日本公認会計士協会が公表した「金融商品に関する実務指針」に関して争いが生じている。この高裁判決では，実務指針105項を類推適用した会計処理が「一般に公正妥当と認められる会計処理の基準」に該当すると判示している。
2　武田（1970）112頁でも，「この基準が現実にいかなるものを指すかの問題となると必ずしも明らかではない。つまり，実体的にその基準が存在するわけではなくて，いわば理念として抽象的に存在するに過ぎない」と指摘されている。

3 この点については，これまでも多くの先行研究や判決がある。これらの先行研究や判決については，坂本（2014）で端的に整理されている。
4 「一般に公正妥当と認められる会計処理の基準」を法人税独自の観点から判断することについては賛否が分かれる。この点を整理したものに，木島・矢頭（2015）11-13頁がある。
5 この点については，金子友（2015）でも指摘している。
6 政策的な課税ベースの拡大が強調されるとすれば，当期の課税所得を大きくする解釈のみ有効となり，制限なく拡大する解釈になりかねない。
7 例えば，繰延資産の計上可能性が挙げられる。なお，収益認識のように，会計観の相違が存在しても，実際の基準化のプロセスの中で結果として同様の会計処理となる場合もある（IFRS第15号「顧客との契約から生じる収益」参照）。
8 「企業会計原則の設定について」二3
9 企業会計基準は，財務諸表等規則において金融庁長官が定める企業会計の基準として指定されている。
10 金融商品につき，活発な市場が存在する等の条件が満たされれば，売却によりキャッシュに変換できるとして時価評価を行うという考え方（IFRS第9号「金融商品」）と，活発な市場が存在する等の条件が満たされても，持合株式や子会社株式のように保有目的によっては実質的に売却が困難であることを会計処理に反映する考え方（企業会計基準第10号「金融商品に関する会計基準」）がある。
11 この場合，本判決のような趣旨目的から解釈する「税会計処理基準」ではなく，成文化した「税会計処理基準」を設定する必要があろう。

参考文献■

岡村忠生（2014）「法人税法22条4項と「税会計処理基準」」『税研』178号，141-144頁。
金子友裕（2015）「所得の年度帰属」第27回税務会計研究学会統一論題報告資料。
金子　宏（2015）『租税法第20版』弘文堂。
川端康之（2015）「ビックカメラ事件と会計基準」『税研』182号，18-25頁。
木島裕子・矢頭正浩（2015）「「公正会計処理基準に関する考察」―ビックカメラ事件及びオリックス銀行事件を題材として―」租税訴訟学会第48回研究会資料。
坂本雅士（2014）「学説及び裁判例の比較研究」106-114頁，鈴木一水他『公正処理基準の再検討』第26回税務会計研究学会特別委員会研究報告書。
武田昌輔（1970）「一般に公正妥当と認められる会計処理の基準」『税大論叢』3号，110-174頁。
成道秀雄（2016a）「公正処理基準と税会計処理基準：法人税法上認められる「企業会計」とは？」『企業会計』68巻1号，59-65頁。
――――（2016b）「法人税法上の公正会計処理基準とは」『税経通信』71巻2号，2-3頁。
藤曲武美（2013）「公正処理基準に関する最近の裁判例」『税務弘報』61巻10号，149-155頁。

（金子　友裕）

第Ⅲ部

経済・金融

第7章　アンケート調査に基づく信用金庫の適正規模の分析
第8章　東アジアの経済発展は経済・金融統合を促したか
第9章　患者需要予測と適正病床数に関する考察
　　　　——ハフモデル適用による分析——
第10章　終末期医療の問題をめぐる経済的視点からの検討

第7章

アンケート調査に基づく信用金庫の適正規模の分析

1. はじめに

　本章は，信用金庫の規模によるパフォーマンスの違いを分析する。本章の分析の際立った特徴は，分析に用いたデータがこれまでの金融機関分析で用いられてきた財務諸表データではなく，信用金庫に対して行われた信用金庫経営に関するアンケート調査結果である点である。

　金融機関のパフォーマンス[注1]に関する分析，具体的には規模の経済性の分析，範囲の経済性の分析，合併の効果の分析，非効率性の分析等の研究方法は，パラメトリック（Parametric Stochastic frontier Analysis, SFA）または線形計画法を応用したノンパラメトリック（Data Envelopment Analysis, DEA）の2つの方法に分かれ，前者はさらに伝統的な費用関数や利潤関数を用いる方法と産出距離関数を用いる方法とに分かれる。これらの研究はすべて金融機関のクロスセクションデータまたはパネルデータを用いて行われる。金融機関の財務諸表データ等は広く公開され，入手しやすいため，どちらの手法についても，内外ともに膨大な先行研究が存在する[注2]。業態内のあらゆる金融機関の財務諸表データ等を用いて分析することにより，客観性，中立性が高く，対金融機関政策を検討するための基礎として，これらの研究の意義は大きいと思われる。

　しかし，全体的な難点としては，①信用金庫業界のように，金融機関の規模の大小の差がきわめて大きかったり，大きい金融機関になればなるほど少数に

なるなどのデータ分布に問題があることにより結果が偏りうること，②数量で表現しにくい金融機関間の質的な違いを分析のなかに盛り込むのが簡単ではないこと，③収益源や各種費用，貸出先の細かな違い，テリトリーの違いなど，より細分化されたデータがほしいときがあっても手に入りにくく，詳細な分析を行うためには限界があったりすること，④当てはめる関数形により結論が限定されたりすること（パラメトリックの場合），などであろう。

　そして，規模拡大とパフォーマンスに関する何らかの結果がデータ分析から導かれたとしても，主に上述の②や③の理由から，SFA，DEAにかかわらず，その因果の経路についてはあまり明らかにはならない。

　試しに，あり得る因果の経路を考えてみると，何種類もの経路を思いつくだろう。たとえば，規模の伸びよりも職員数の伸びが低ければ職員1人当たり取引額の拡大をもたらし，利益拡大につながるかもしれない，規模拡大が意思決定速度の低下を引き起こし，顧客へのサービス低下により顧客が離れるかもしれない，規模拡大により単位当たりのIT投資負担の低下が費用低下につながるかもしれない，規模が大きい信用金庫は概して競争の激しい都市部にあるため貸出金利の低下による収益の低下が起きているかもしれない，規模が大きくなればブランド力が向上するため人材獲得が容易になるかもしれない，というように，一概に規模が拡大すればパフォーマンスが高まるとは限らない。財務諸表データで規模と生産性について分析して，何らかの結果が出ても，それがどのような因果の経路から生じたのかは判別が困難である。

　本章は，財務諸表データ等の公開されたデータを分析する先行研究とは全く異なり，社団法人全国信用金庫協会と筆者が2006年に多数の信用金庫に対して行ったアンケート調査の質的な回答を用い，特に信用金庫の規模とパフォーマンスの関係について分析する。このような分析は，わが国においても，国際的にも存在しないと思われる。金融機関財務諸表データの統計的分析に関する上述の①－④の問題点のうちの②－④については，アンケート調査による分析が有利な点と思われる。

　先に言及したように，金融機関の規模の違いとパフォーマンスとの間の分析は少なくなく，わが国の金融機関で経費率や利益率を調べたりしてみると，しばしば，金融機関は大きいほどよい，ということになり，そうであれば小さい

信用金庫は長期的には生き残ることができないということになる。この場合は，いわゆる規模の経済性があるといわれる。協同組織金融機関を中心にした筒井（2003）の研究は，信用金庫，信用組合，地方銀行をまとめてみると，経費率を用いても，最小費用関数を用いても，規模の経済性がみられることを示唆している。

これに対し，小規模金融機関から大規模金融機関を並べ，ある程度の規模になるとき単位当たり費用が最小になったり，単位当たり利益が最大になったりし，その点から離れると単位当たり費用が増加したり，単位当たり利益が減小したりすること，すなわち最適規模が内点解であるというのがアメリカ金融機関の実証研究では標準的な結果であり，この状況を，「規模と費用との関係がU字型」という（たとえばAkhavein, Berger, & Humphrey（1997））。ここで注意すべき点として，値が大きくなると悪いことを意味する指標（費用系の指標，経営上の問題の深刻さに関するアンケート結果等）を縦軸にとり，横軸に規模をとったとき最適規模が内点解の状況はU字型になるが，反対に値が大きくなることがよいことである指標（収益・利益系の指標など）を縦軸にとれば，同じ状況は「逆」U字型になる。

しかし，仮に，ある国の金融機関においては最適規模が両端[注3]となる端点解であるなら，費用系指標との関係はU字型ではなく逆U字型であり，収益系の指標を用いるとU字型となっているはずである。このように，U字，逆U字というのは，用いるデータが費用系か収益系かにより結果が反対となり，紛らわしい。よって本章においては，アメリカの研究での表現にならい，パフォーマンスが最大（たとえば費用が最小または収益が最大）となる規模が内点解となるケースを「U字型」と呼び，中間規模が最もパフォーマンスが悪く両側にいけばいくほどパフォーマンスが上がるケースを「逆U字型」と呼ぶことにする。

よって，本章が調べる信用金庫の規模とパフォーマンスとの関係は，全域で規模の経済性があるか，U字型か，または逆U字型か，のいずれかということである[注4]。

本章の構成は以下のとおりである。次節ではアンケートと回答信用金庫の概要について説明する。第3節は個々の結果について説明する。第4節は本章の

主要な結果である信用金庫が規模別に2種類に分けられる可能性について説明する。第5節は結論である。

2．データ

本研究で使用したデータは，2006年2月に，全国の信用金庫に対し，社団法人全国信用金庫協会と筆者が行った信用金庫の営業活動全般にわたるアンケート調査「信用金庫の金融サービスの提供態勢等に関するアンケート」に基づく[注5]。当時，信用金庫数は292あり，そのうち回答があった信用金庫数は272，うち利用できたものは264金庫のデータであった。質問項目は200弱である。アンケートは，その時点の状況について尋ねている。

質問は以下の8グループに分かれている。
① 融資関係（融資審査日数，与信枠，営業店長決裁上限額，課題解決型金融への取組み，他業態との競合，融資金利，業種別審査体制，等）
② 預かり資産ビジネス（取組み姿勢等）
③ マーケティング（顧客満足度調査等）
④ 手数料（手数料の有料化・値上げ等）
⑤ 店舗（テリトリーの大きさ，立地，ブロック制の採否，ブロックの大きさ，ブロックを構成する営業店数・種類，営業店事務の本部集中化の採否等）
⑥ 渉外（人数，訪問件数，融資・年金・集金などの専門担当者の存否，渉外が担当する各業務（融資，売上金集金，定期積金集金，定期預金満期管理訪問，雑務訪問）それぞれへの力の入れ方，渉外の成績評価への組入れ方法，新規・既存のどちらを重視するか，等）
⑦ リスク管理態勢
⑧ 現在の課題・問題点取組み姿勢等

各質問の選択肢数の最小は2で，最大は8である。ほとんどの選択肢は「劣，やや劣，普通，やや優，優」などの順序のみ定義できるデータである。

今回の分析には主に①，⑥，⑧の部分を用いた。

なお，本章で用いた預金額，貸出額，金利などの財務データは，すべて2005

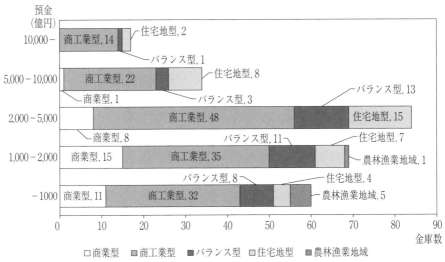

（出所）　筆者作成

年3月末のものであり，アンケート調査のなかで各信用金庫が記入したデータである。

では，アンケート対象の信用金庫についてみてみよう。**図表7-1**は，回答した信用金庫を規模別（預金残高1,000億円未満，1,000-2,000億円，2,000-5,000億円，5,000-1兆円，1兆円以上）に区分し，それぞれのなかで立地別，すなわち「商業型」（立地の50％以上が商業地域），「商工業型」（立地の50％以上が商工業地域），「バランス型」（いずれの基準も満たさない場合），「住宅地型」（立地の50％以上が住宅地），「農林漁業地域」（立地の50％以上が農林漁業地域）の5つの区分に分類したものである。立地の分類は，アンケート調査のなかでの質問項目であり，回答した各信用金庫が自ら選択した。

まず，信用金庫の立地については，すべての規模クラスにおいて，商工業地または商業地立地の信用金庫が過半数を占めているが，上のクラスほど商工業型の割合が高い（上から82.4％，64.7％，57.1％，50.7％，53.3％）。2,000億円以下の小規模信用金庫には商業型が多めとなっている。住宅地型は中規模金庫

が中心である。

　また，この図表から明らかになるが，グループによっては信用金庫数が少なすぎて分析に向かないところがあることがわかる。そこで，次節の分析にあたり，そのグループの信用金庫の数が2以下の場合は，サンプル不足で一般的な性質をとらえにくいと思われるため，考察の対象にしないことにした。具体的には，1兆円以上の信用金庫17のうち，バランス型が1，住宅型が2で，残りはすべて商工業型である。よって，第3節以後で分析結果を示す各図表においては，1兆円以上の信用金庫のバランス型や住宅型のデータは削除して表示している。同様に5,000－10,000億円規模の商業型は1つしかなく，1,000－2,000億円の農林漁業地域型の信用金庫も1つしかないため，これらも図表から削除する。よって，農林漁業型の場合，第3節の図では預金残高1,000億円未満のグループしかないため，線にならず，四角形の点（■）で表示されている。ただし，第3節の各図の「平均」については，立地別グラフから削除されたデータも含むすべてのデータを用いて計算している。

　図表7-2は，信用金庫を規模別に分け，さらにそれぞれのなかで地域別，

図表7-2　分析対象信用金庫数の分布（地域別）

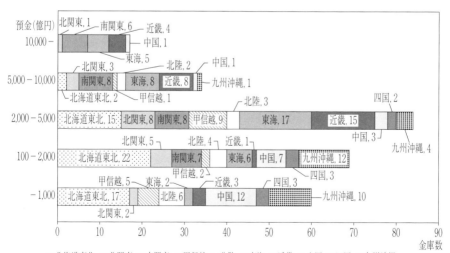

（出所）　筆者作成

すなわち北海道東北，北関東（埼玉県を含む），南関東，甲信越，北陸，東海，近畿，中国，四国，九州沖縄，の10地域に分けている。当然，1兆円超の規模の信用金庫は南関東，東海，近畿に集中しているが，2,000億円以下になると北海道東北，中国，九州沖縄が多くなる。北関東，東海，近畿は中規模クラスが最多となる。

　以上の2つの図表からわかることは，規模が小さい信用金庫から規模が大きくなるにつれて，商工業型の割合が高くなり，立地は地方から大都市及びその周辺を基盤とするように移り変わる。このため，すべての信用金庫を一律に扱ったクロスセクション分析やパネル分析を用いて各種の含意を得ることは，立地や地域の違いを分析に反映しにくいという点で限界がある。たとえば，5,000－10,000億円の北海道東北地域にある2つの信用金庫が合併すると10,000億円超の信用金庫が誕生するが，クロスセクション分析で当てはめたり比較されたりする合併信用金庫相当規模の信用金庫は東京のような大都市に立地する信用金庫のみである。北海道の2信用金庫の合併効果を東京の信用金庫のデータに当てはめて議論することにはやはり無理があろう。地方の1,000億円未満の信用金庫が合併して同じ地方の1,000－2,000億円の信用金庫になる場合であれば問題ないようにみえるが，それでもよく調べてみると，1,000億円未満の信用金庫は県庁所在地外の信用金庫であって，大きい信用金庫はその地方のなかでも県庁所在地等の比較的都市部である場合が多いので，やはり環境が異なる信用金庫を比較してしまっているのは問題であろう。

　次節以下では，規模と立地について分けながらアンケートの結果を考える。図表7－2のような地域についての取扱いは，各グループの数が少なくなりすぎることと，規模で分けての分析で十分であると思えるため，省略する。

3．分析結果

3.1　損益について

　最初は，財務諸表データからみてみよう。預金規模別，立地別でみた経常収益対預金残高比率は，**図表7－3**で示されている。平均でみると，信用金庫の経常収益対預金残高比率は規模の小さい信用金庫のほうが高く，5,000－10,000

第7章　アンケート調査に基づく信用金庫の適正規模の分析　123

図表7-3　経常収益対預金残高

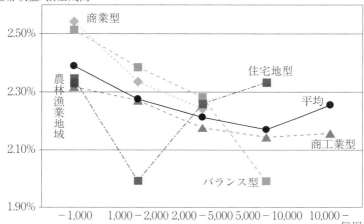

（注）「平均」は，すべての信用金庫の経常収益対預金残高（％）を計算し，それを単純平均したものである。
（出所）　筆者作成

図表7-4　経常費用対預金残高

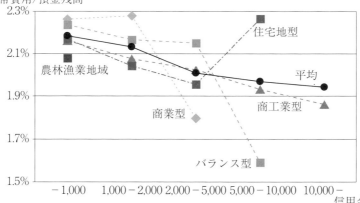

（注）「平均」は，すべての使用金庫の経常費用対預金残高（％）を計算し，それを単純平均したものである。
（出所）　筆者作成

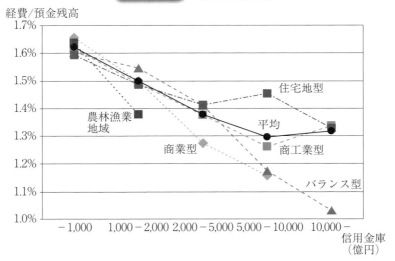

図表7-5 経費対預金残高

（注）「平均」は，すべての使用金庫の経費対預金残高（％）を計算し，それを単純平均したある。
（出所） 筆者作成

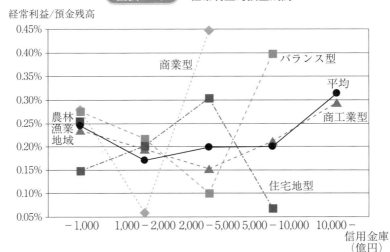

図表7-6 経常利益対預金残高

（注）「平均」は，すべての使用金庫の経常利益対預金残高（％）を計算し，それを単純平均したある。
（出所） 筆者作成

億円規模で最低となり，それ以降は規模の経済性が働くのか，1兆円を超えると逆に上昇する。このように，経常収益は規模に関して逆U字型になっている。

次に経常費用についてみてみよう。**図表7-4**は経常費用対預金残高比率を示している。これによれば，規模が大きくなるほどこの比率は低下していくという点で，費用に関しては，規模の経済性が成立するということができる。住宅地型信用金庫のみ2,000-5,000億円クラスを超えると逆に経常費用は急上昇する。

経費については（**図表7-5**），平均的には5,000-10,000億円を超えると横ばいになる。立地別でみると，商工業型のみ5,000-10,000億円から規模拡大すると経費が増加し，それが全体の平均の増加を引き起こしている。

経常利益についてみると（**図表7-6**），平均的には1,000-2,000億円を底に逆U字型になっている。立地別にみると，商工業型は2,000-5,000億円が逆U字型の底になっている。

業務純益についてみると（**図表7-7**），5,000-10,000億円の信用金庫でやや

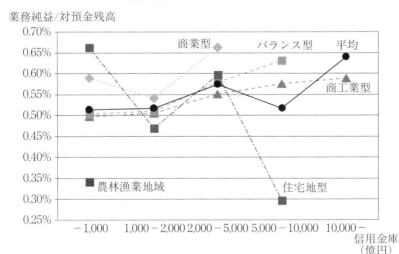

図表7-7 業務純益対預金残高

(注)「平均」は，すべての使用金庫の業務純益対預金残高（％）を計算し，それを単純平均したものである。
(出所) 筆者作成

落ちるものの，全体として規模に関して増加しているようにもみえる。

　以上，まとめると，経常費用と業務純益については，規模の経済性がみられるが，経常収益，経費，経常利益については逆U字型にみえる。よって，本信用金庫のデータからは，使ったデータによって，規模の経済性があるようにみえたり，逆U字型のようにみえたりするということになり，確定的なことをいうのは難しい。立地別では，個々のグループのデータが厚い1,000－5,000億円の信用金庫をみると，住宅地型が収益性が最も高そうである。

3.2　貸出について

　一取引先当たり平均貸出額（**図表7-8**）をみると，予想通りであるが，1,000億円未満の小規模信用金庫の平均が1,178万円であるのに対し，1兆円以上の大規模信用金庫は2,053万円というように，一律に増加している。しかしながら，規模が10倍以上異なる信用金庫グループにもかかわらず平均貸出額の違いが2倍未満ということは，信用金庫の基幹業務である中小企業・個人融資においては，都市部の大規模信用金庫であっても，地域差を考慮すれば，地方の小規模

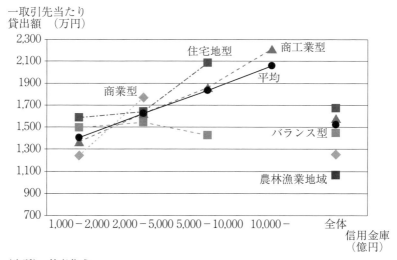

図表7-8　一取引先当たり貸出額

（出所）　筆者作成

信用金庫とあまり変わらないともいえよう。都市部の大規模信用金庫はその規模，品ぞろえといった外形的な点から，しばしば銀行と同質化していると批判されることがあるが，肝心な業務である融資業務の中身に焦点を合わせれば，銀行とは別物であるから，このような批判は当たっていない。

平均貸出金利についてみると（**図表7-9**），信用金庫の規模が5,000億円になるまで下がっていくが，その後は下がり方が少ないことがわかる。おそらく，5,000億円に近づくにつれて銀行だけでなく他のより大きい信用金庫とも市場が少しずつ重なっていくため信用金庫間の競争も激化し，5,000億円を超えている信用金庫の市場は互いに完全に重なってしまうのであろう。他方，住宅地型の信用金庫の貸出金利は，規模が大きくなっても下落しない。

預貸率についてみると（**図表7-10**），2,000-5,000億円の信用金庫が54％強で最低となっていて，やはり逆Ｕ字型になっている。興味深いことに，バランス型と商業型は規模が大きくなると預貸率が低くなり，反対に住宅型は規模が大きくなると預貸率が高くなることである。

銀行との価格競争に対する対応方針をみよう（**図表7-11**）。質問は「銀行と

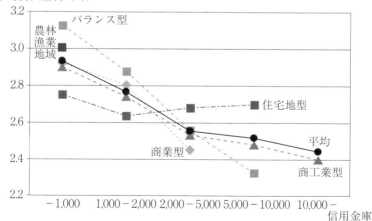

図表7-9　平均貸出金利

（出所）　筆者作成

128　第Ⅲ部　経済・金融

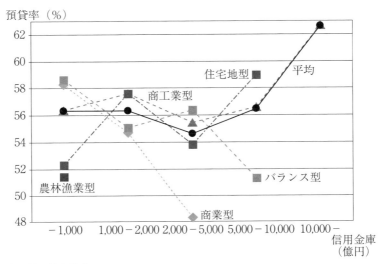

図表7-10　預貸率

（出所）　筆者作成

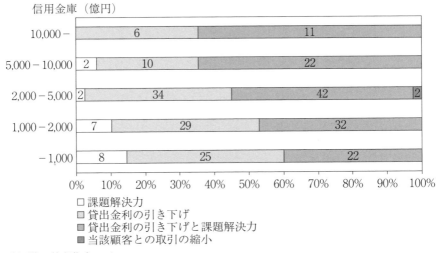

図表7-11　銀行との価格競争に対する対応方

（出所）　筆者作成

の価格競争に対応するため主にどの方針で対応しますか？」というものである。2,000億円以下の小規模信用金庫は価格競争にも対応するが，価格競争はせずに課題解決力のみで対応しようとするところも10％以上存在する。これに対し，規模が大きくなると，どうしても都市部の信用金庫になるためなのか，課題解決力のみでは対応できないようである。特に，2,000－5,000億円の信用金庫については，「当該顧客との取引の縮小」と答えたところが80金庫中２つあり，この回答は他の規模の信用金庫にはみられなかった。またこの規模の信用金庫は他の規模に比べて対応策が貸出金利引き下げのみという回答が多かった。

3.3 融資審査期間

融資の審査速度についてみてみよう。

新規先法人に対する融資審査日数をみると（**図表7-12**），どの規模の信用金庫においても，信用金庫のおよそ３分の１くらいは５営業日以内（つまり１週間以内）に審査が完了する。2,000－5,000億円信用金庫の審査がやや速そうである。既存先法人への融資は３営業日以内が大体20％以上あり，80％程度が融資審査を５営業日以内で完了する。

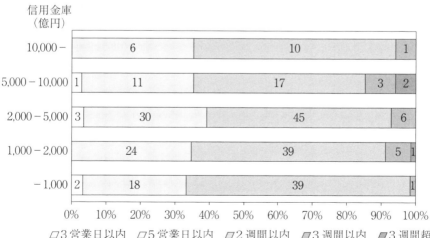

図表7-12　新規先法人に対する融資審査日数

(出所)　筆者作成

130 第Ⅲ部　経済・金融

　図表7-13と図表7-14は「事業融資の平均的な審査日数は，競合金融機関と比較してどのように評価しますか？」という問いに対する新規先と既存先で分けた自己評価である。新規，既存にかかわらず，1兆円以上の大規模信用金庫と1,000億円未満の小規模信用金庫の審査期間は短い。これに対し，1,000－10,000億円の範囲の3区分の信用金庫は審査期間が長めである。

　この理由について考える。一般に，支店長の専決決裁額が高いほど，本部に稟議書を送るケースが少なくなり，融資審査期間が短くなる。よって，顧客にとって都合がよく，金融機関間の競争にも有利である。図表7-15と図表7-16は支店長専決決裁上限額（既存融資先）を示している(注6)。既存先専決決裁額を規模別で分解した図表9-15によれば，5,000億円までの信用金庫の支店長専決決裁額は2,000万円前後であるが，それから5,000－10,000億円，10,000億円以上と規模が大きくなるにつれて，4,000万円超，7,000万円弱というように急に拡大している。他方，地域別で分解した図表9-16によれば，住宅地型の信用金庫の専決決裁上限額が最も高いことがわかる(注7)。図表9-8ですでにみたように，信用金庫の規模が大きくなるにつれて一律に一取引先当たり貸出額が

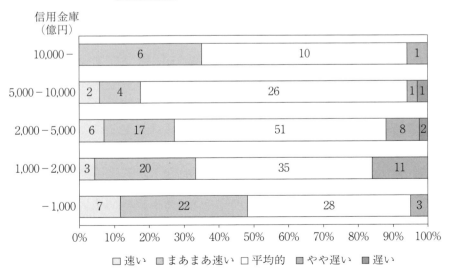

図表7-13　新規先融資審査期間自己評価

（出所）　筆者作成

第7章 アンケート調査に基づく信用金庫の適正規模の分析　131

図表7-14　既存先融資審査期間自己評価

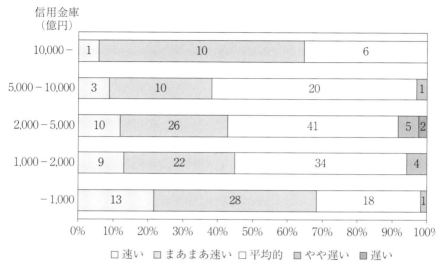

(出所)　筆者作成

図表7-15　既存先事業融資に関する支店長専決決裁上限額（規模別）

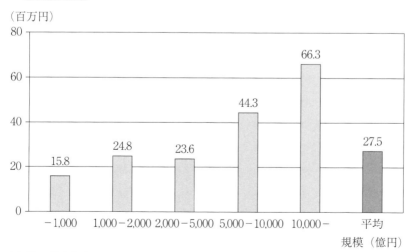

(出所)　筆者作成

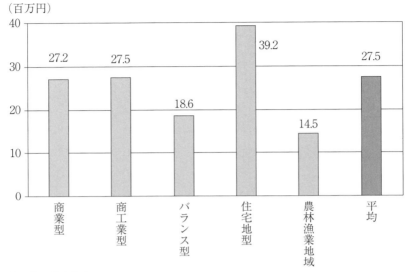

図表7-16 既存先事業融資に関する支店長専決決裁上限額(地域別)

(出所) 筆者作成

大きくなっていくので、たとえば、1,000億円前後の信用金庫と2,000-5,000億円規模の信用金庫において、後者の1件当たり平均貸出額が大きいのに支店長専決決裁額が前者とあまり変わらないのであれば、必然的に後者では審査が本部に稟議される率が高くなる。よって審査期間が長くなる。これが中規模の信用金庫の融資期間が長めになる理由であろう。

専決決裁額の違いが生じる原因は2つ考えられる。1つは大規模信用金庫や住宅ローン顧客が多い信用金庫の専決決裁額が高いことにみられるように、その信用金庫のターゲット顧客の違いである。もう1つは、支店の審査能力に関する本部の信頼度であろう。後でみるように、1,000-5,000億円の信用金庫は同程度に融資渉外担当者が不足している問題があることがわかるが、このために専決決裁額が低めに抑えられているのであろう。

3.4 渉外活動

信用金庫と地域信用組合のような協同組織金融機関と銀行との間の大きく異

第7章 アンケート調査に基づく信用金庫の適正規模の分析　133

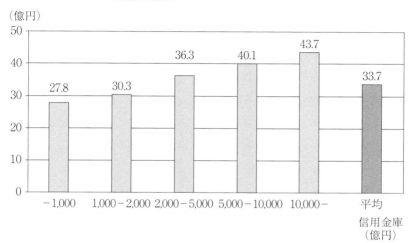

図表7-17　渉外1人当たり預金額

(出所)　筆者作成

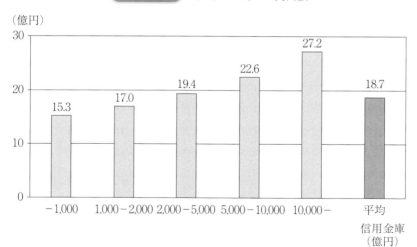

図表7-18　渉外1人当たり貸出額

(出所)　筆者作成

なる実態上の特徴の1つは、前者は概して、渉外担当者の活動に重点を置いていることである。よって、渉外担当者に関わる数字についてもみてみよう。**図表7-17**によれば、渉外担当者の1人当たり平均預金額は33.7億円で、1,000億円未満の信用金庫の27.8億円から1兆円超の43.7億円へと、規模の拡大とともに大きくなっている。貸出額についても同様で（**図表7-18**）、平均は18.7億円、小規模信用金庫から大規模信用金庫になるにつれて15.3億円から27.2億円へと一様に増加している。ただ、どちらも2倍以内の拡大であり、地域差を考慮すれば似たようなレベルであるとみなすこともできよう。

興味深いことに、渉外担当者1人当たり貸出先数をみると（**図表7-19**）、平均的には1,000－5,000億円を底にしてU字型になっていて、この規模の信用金庫の渉外担当者の貸出件数は少ない。このことは、効率性が低いと解釈することもできるし、反対に、少ない貸出先に対してていねいに訪問活動をしているという点でこの規模が最も信用金庫らしいという解釈もできなくはない。なお、

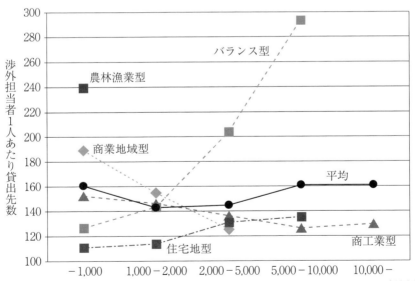

図表7-19　渉外担当者1人当たり貸出先数

（出所）　筆者作成

貸出先数については，バランス型信用金庫は他と比べるときわめて高くなっている。

3.5 当面の課題

次に，各信用金庫が認識している当面の課題についてみてみよう。**図表7−20**に用いたアンケートは，10の問題点についてそれぞれその深刻度を1（問題なし）から4（きわめて問題）の4段階で回答を求め，その平均を示している。

融資業務の伸び悩み（図表の①）については5,000億円までは横ばいでそれを過ぎると問題が小さくなる。地域経済不振の深刻さ（図表の②）に関する問題意識は，規模が拡大するほど小さくなる。①，②とも，大信用金庫ほど都市部に立地していることから当然の結果である。興味深いのは，③と④から，5,000億円までの信用金庫は融資業務ができる人材の不足の問題が大きいことである。不良債権処理（⑤）は大規模信用金庫になればなるほど処理が進んでいる[注8]。リスク管理体制（⑥）は規模とは関係なく「やや問題」または「問題」レベルで大体一定である。システムコスト負担（⑦）については5,000億円までの信用金庫には重いが，それより上になると負担は少し小さくなるようである。⑧から，2,000−5,000億円の信用金庫は他金融機関との競争が最も激しい。人件費削減（⑨）については1,000億円未満の小さい信用金庫にやや問題があり，店舗の統廃合⑩はどの規模の信用金庫も2よりも小さいのでほとんど問題になっていないのだろう。

3.6 システム

最後にシステムの状況をみよう。まず，後方事務の集中化の進み具合についてみると（**図表7−21**），5,000億円以上の規模の信用金庫と比較して，それ以下は機械化が遅れている。特に，2,000−5,000億円と1,000−2,000億円の信用金庫は規模が違うにもかかわらず同じレベルの事務集中化になっている。また，非財務データ，すなわち質的なデータの蓄積に関する情報システムでの運用をみると（**図表7−22**），やはり2,000−5,000億円規模の信用金庫は1,000−2,000億円信用金庫と同レベルである。

前項のシステムに関する問題意識と合わせて考えると，5,000億円までの信

図表7-20 当面の課題

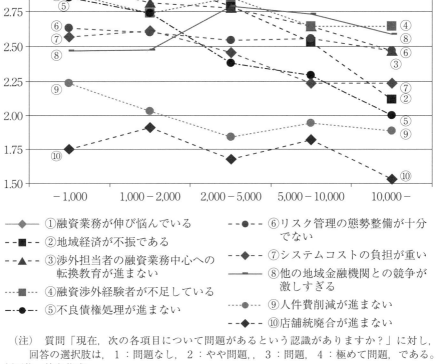

（注）質問「現在、次の各項目について問題があるという認識がありますか？」に対し、回答の選択肢は、1：問題なし，2：やや問題，，3：問題，4：極めて問題，である。
（出所）筆者作成

用金庫のシステムコスト負担は重く，規模にかかわらず概して同レベルであるということである。規模が大きく，銀行との競争が激しい信用金庫のほうが相対的にシステムに対するニーズが高いであろうから，2,000億円以下の小規模信用金庫と2,000-5,000億円の中規模信用金庫とシステムが同じレベルにある場合，より苦しいのは後者の中規模信用金庫であろう。

第 7 章 アンケート調査に基づく信用金庫の適正規模の分析　137

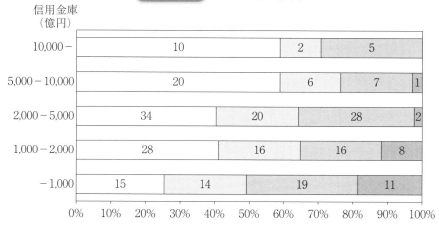

図表 7-21　後方事務の集中化

□全ての店舗を一線処理　□一部の店舗を一線処理　■集中化中　■取り組んでいない
（出所）　筆者作成

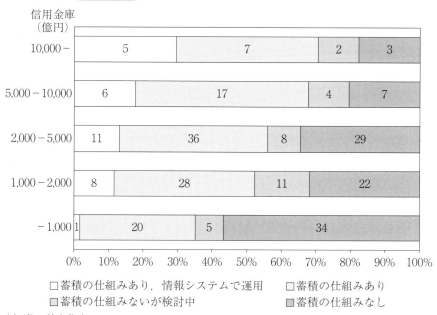

図表 7-22　非財務データ蓄積と情報システムでの運用

□蓄積の仕組みあり，情報システムで運用　　□蓄積の仕組みあり
■蓄積の仕組みないが検討中　　　　　　　　■蓄積の仕組みなし
（出所）　筆者作成

4．2,000億円で区分けできる2種類の信用金庫

　前節までの主な結果をまとめたものが**図表7-23**である。目を引くのは，2,000-5,000億円の信用金庫には，あまりいいところがないことである。財務諸表データについてみても，特に経常利益は低く，預貸率も低い。アンケートに基づく質的データについてみると，これはより明白であり，地域経済は平均的であるものの，いいのはこれくらいで，他はすべて最も悪い回答になっている。具体的にいえば，他の信用金庫や銀行との競争が激しい。融資渉外人材は不足し，後方事務の集中化や非財務データの蓄積システムなどについては小規模信用金庫と同レベルである。そのため機械化の進展に問題を抱えるとともに，融資渉外人材の不足もたたって融資審査速度は遅い。

図表7-23　主な結果の要約

		信用金庫預金別分類			規模との関係
		2,000億円以下	2,000-5,000億円	5,000億-1兆円	
財務諸表データ	経常収益	高い	やや低い	やや低い	規模の不経済
	経常費用	高い	やや低い	低い	規模の経済
	経常利益	やや高い	低い	高い	逆U字型
	経費	高い	やや低い	低い	規模の経済
	業務純益	低い	やや高い	やや高い	規模の経済
	預貸率	やや高い	やや低い	やや高い	逆U字型
	貸出金利	高い	低い	低い	規模の不経済
質的データ	地域	停滞	普通	高成長	－
	銀行との競争	激しくない	激しい	やや激しい	逆U字型
	融資渉外の不足	やや問題	問題	あまり問題でない	逆U字型
	機械化の進展	やや問題	問題	あまり問題でない	逆U字型
	融資審査速度	やや速い	やや遅い	やや速い	逆U字型

（出所）　筆者作成

よって，信用金庫を規模別に比較すると，2,000−5,000億円の中規模信用金庫が最もパフォーマンスが低く，その両側はよりパフォーマンスが高い，というようにみえる。すなわち，信用金庫の規模とパフォーマンスは逆U字型である。このことから，信用金庫に適正規模は存在せず，最高のパフォーマンスは両端であるようにみえてしまう。

ここで，システムに関する結果をもう少し考えてみよう。中規模信用金庫は地区が都市部であることが比較的多いため，大規模信用金庫，地方銀行，そして都市銀行との競争が激しく，平均貸出金利は大規模信用金庫並みに低い。しかしある程度の規模があり，支店数も多いという点で，企業としてみた場合は，中小企業レベルではなく大企業レベルにあるので，システムの支援がなければ信用金庫を効率的に運営できないのだろう。それに対し，小規模信用金庫は，システムが高度であればもちろん経営上も競争上もより有利にはなるだろうが，たとえば10支店前後の支店しかない信用金庫であれば，どの融資先に対しても経営陣の少なくとも1人がよく知っている，というようなことになっているであろうから，中小企業のように，手作業的，人縁的な経営方法でも十分に機能するだろう。よって，小規模信用金庫と同レベルであっても，システムの遅れはより大きい2,000−5,000億円の中規模信用金庫により深刻な問題となるであろう。

このように考えると，信用金庫は，2,000億円規模までの，いわば，中小企業的規模の信用金庫と，それより大規模で，大企業的な経営管理が必要になってくる信用金庫とに分けて考えたほうがよいように思えてくる。すなわち，全信用金庫を一体として考えると，**図表7−24**の上の図のように，両端でパフォーマンスがよく，中間でパフォーマンスが低いようにみえ，よってパフォーマンスは逆U字型にみえる。しかし，先に述べたように，2,000億円を境にそれ以下の信用金庫とそれ以上の信用金庫では，経営管理が異なることや，市場の競争条件も異なる。よって，小規模信用金庫と中規模以上の信用金庫は，どちらも信用金庫法に基づき設立されているという点で法的には同じであるにしても，実態的には異なる種類の金融機関と考えたほうがよいように思われる。

このように2,000億円規模を分かれ目に2種類の信用金庫が存在すると想定すると，信用金庫の規模とパフォーマンスの逆U字型の関係は，図表7−24の

図表7-24　2つの種類の信用金庫

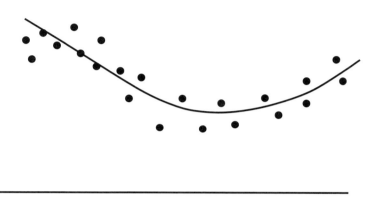

パフォーマンス

全信用金庫を一体的に考えると、両端でパフォーマンスがよく、中間でパフォーマンスが悪い、という逆U字型にみえる。

信用金庫の規模

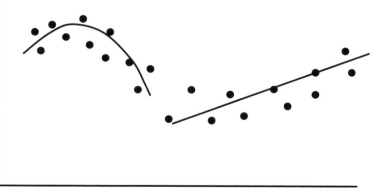

パフォーマンス

小さい信用金庫と大きい信用金庫は別物であると考えると、小さい信用金庫グループでは中間的なところに最適規模があるU字型、大きな信用金庫グループでは規模の大きいほうがよいという規模の経済性の存在を考えることができる。

信用金庫の規模

下の図のように，2,000億円までの小さい信用金庫とそれ以上の大きい信用金庫に分けて，別々に最適規模を考えることのほうが合理的である。そうすると，小さい信用金庫グループ内での最適規模があると考えることができ，アメリカでの共通認識に一致するし，大きい信用金庫グループではより規模が大きければ大きいほどパフォーマンスがよい，すなわち規模の経済性が存在する，と考えることができ，合併が進み大規模化が進んだ現実の金融界と違和感がない。

ただ，大規模信用金庫は都市部，小規模信用金庫は地方というように，規模の違いはしばしばその立地条件の違いになっているので，中規模の信用金庫がより大きく，またはより小さくなればパフォーマンスが高まるポジションに移動するというわけではない。真の最適点は環境もコントロールして考えないと，あまり意味がないように思える。

5．おわりに

本章は，アンケート調査から得た質的データに基づき，信用金庫の規模とパフォーマンスとの関係を分析した。主な結果は以下のとおりである。

信用金庫の各種のデータの大部分は，規模が大きくなるにつれて一律に良い方向に向かうデータと，中規模でもっとも悪い値となり，両側にいくに従って改善に向かうデータ，すなわち逆U字型となるデータとに分かれる。アメリカの金融機関分析においては中規模が最適で両端は非効率である「U字型」であるというのが共通見解であったが，本章の分析は，それと反対の結果である逆U字型か，または規模の経済性が存在するという結果となっており，アメリカにおける共通認識とは全く反対である。もちろん，現在，世界中で，大金融機関同士が合併を重ねて巨大化し，市場の集中化が進んでいることをみれば，金融機関は規模が大きくなるほどパフォーマンスがよくなるというのは素人的にも普通の感覚であると思われる。2,000億円を境に大きな信用金庫と小さな信用金庫を別物とみなせば，このような，アメリカでの共通見解と規模の経済性との両方を斉合的に説明することができる。

最後に，金融機関政策上の含意について述べる。現在は法的に同一ということで全信用金庫をほぼ一律のルールで規制しているが，2,000億円を境に内容

が大きく異なると考えられるため,規制等について,この境界で分けて独立して考えたほうが効果的であると思われる。

付　記

本章は,社団法人全国信用金庫協会及び全国の信用金庫の全面的な協力を得て行ったアンケート調査に基づく。ご多忙の折,質問項目数が大変多いアンケート調査にご回答いただいた信用金庫の皆様,アンケート作成及びヒアリング調査に協力頂いた社団法人全国信用金庫協会企画調査部の皆さま,特に同協会奈良義人氏,株式会社しんきんカード山口裕氏に対して,この場を借りて御礼申し上げたい。本研究の原案は,2008年6月8日に行われた生活経済学会研究大会(関西学院大学)で,一部は2008年6月20日に行われた金融審議会で報告し,村本孜氏(成城大学)はじめ多くの方から貴重なコメントを頂いた。また村本孜氏は氏の著書(村本(2015))において筆者の見解について数ページを割いて言及して頂いた。これらの点について記して感謝したい。

注■

1　本章での「パフォーマンス」は,収益の高さ,費用の小ささ,利益の多さ,効率性の高さ,何らかの生産性の高さ,経営上の問題点の少なさ,などをまとめて表現している。というのは,規模とパフォーマンスの間の分析においてパフォーマンスを表す変数が研究によりさまざまであるからである。
2　日本の研究については岡田(2007)に詳しい。DEA に基づく分析については,最近のものとして Asaftei (2008),サーベイとして Akhavein, Berger & Humphrey (1997) がある。SFA に基づく分析については,最近のものとして Fen and Serletis (2010),サーベイとして Berger, Demsetz, and Strahan (1999) がある。
3　もちろん,両端での値を比べればどちらかの値がより大きいので,数学的意味での最適解はどちらか一方の端点である。
4　全域で規模の不経済性があるというケースは現実的ではないので記述を省略した。
5　筆者は,同じアンケートを用いた他の研究,宮村(2008)において,主に営業戦略に関する分析を行っている。なお,本アンケートデータは社団法人全国信用金庫協会が保有しているので,データの入手・確認については同協会に連絡されたい。
6　図表7-15と図表7-16に相当する新規先専決決裁額に関する図表は,ページ数の関係で掲載を省略した。
7　図表7-16の解釈に関する注意点としては,たとえば,農林漁業地域の信用金庫の専決決裁上限額は低いと読めてしまうが,そもそも農林漁業地域の信用金庫の規模は小さいため(預金1,000億円未満が5金庫,1,000-2,000億円が1金庫の計6金庫のみ),農林

漁業地域の信用金庫の専決決裁額が農林漁業地域にあるためなのか，小規模であるためなのかは一見わからない。しかし，図表7-15をみれば，1,000億円未満信用金庫の専決決裁額上限が1,584万円であることがわかるので，1,000－2,000億円の信用金庫を1つ含むのに専決決裁額上限が1,450万円である農林漁業地域の信用金庫の専決決裁額は同規模の信用金庫の平均よりも低いことがわかる。

8 不良債権処理は，小さい信用金庫であればあるほど，その地区の狭さや地方性のために，処理するのが困難になるという面もあると思われる。

参考文献■

Akhavein, Jalal, D., Berger, Allen, N., & Humphrey, David, B. (1997). The effects of megamergers on efficiency and prices: Evidence from a bank profit function. *Review of industrial organization*, 12, 95-139.

Asaftei, Gabriel (2008). The contribution of product mix versus efficiency and technical change in US banking. *Journal of banking & finance*, 32, 2336-2345.

Berger, Allen, N., Demsetz, Rebecca, S., & Strahan, Philip, E. (1999). The consolidation of the financial services industry: Causes, consequences, and implications for the future. *Journal of banking & finance*, 23, 135-194.

Fen, Guohua, & Serletis, Apostolos (2010). Efficiency, technical change, and returns to scale in large US banks: Panel data evidence from an output distance function satisfying theoretical regularity. *Journal of banking & finance*, 34, 127-138.

岡田多恵（2007）「銀行合併の動機とその効果」『21世紀COEプログラム「アンケート調査と実験による行動マクロ動学」ディスカッションペーパー』201．大阪大学。

筒井義郎（2003）「協同組織金融機関の経営効率性」*Discussion papers in economics and business*, 03-10．大阪大学。

宮村健一郎（2008）「信用金庫の営業戦略とパフォーマンスへの影響」『生活経済学研究』No. 28。

村本 孜（2015）『信用金庫論』金融財政事情研究会。

（宮村 健一郎）

第III部 経済・金融

第8章

東アジアの経済発展は経済・金融統合を促したか

1．はじめに：東アジアの経済発展と経済統合

　東アジア地域における経済成長を裏づける1つの根拠に，貧困率の劇的な低下をあげることができる。例えば，2011年の物価水準を基準とした購買力平価を用いて，貧困線以下で暮らす人々の割合について，太平洋エリアを含む東アジア地域の推移を考察すると，1981年には1日1.9ドル以下で暮らす人々の割合は80.60％（世界平均値：43.89％）であった，1984年には70.14％（同40.75％），1990年には60.56％（同：37.03％）1996年には39.28％（同29.67％）へ，2005年には18.61％（同20.92％），2012年には7.21％（同12.73％）へと低下している。同時期に，サブサハラアフリカやラテンアメリカ，そして南アジア地域の貧困率の推移を見れば，21世紀に至るまでに世界の貧困率の平均値が引き下がった大きな要因には，東アジア地域の貧困率低下の寄与がきわめて大きい。

　このような東アジア地域の貧困率の劇的な低下には，東アジア地域の経済発展が大きく寄与したことは疑いの余地がない[注1][注2]。

　1950年代中頃から1970年代初頭までに高度経済成長を遂げていた日本を除き，東アジア経済に人類史上希に見る繁栄がもたらされたのは，特徴的な2つの時期の経済成長によるものと考えられている。まずは1970年代後半から1980年代を通じ，1997年のアジア危機が起こる前までの，いわゆる「東アジアの奇跡」と呼ばれる時期であり，次に東アジア諸国が急激な経済成長を遂げた時期は，2000年以降から今日に至るまで続く「経済のグローバル化」の時期においてで

ある。

　「東アジアの奇跡」と称された時期の経済成長の特徴は，東アジア各国において，輸出指向型の経済発展モデルが結実し，90年代中頃に至るまで，持続的な経済発展と所得上昇がみられたことである。この時期の東アジア諸国の経済発展においては，国家という経済単位がきわめて重要な意味をもっていた。すなわち，国家主導の野心的な工業化を推し進め，経済成長に最も重要な国内産業を育成・保護しつつ，海外からの先端技術を導入するために国内外の資本を基幹産業に集中させ，海外輸出を増大させることで国内所得を増加させたことである。また国家主導の経済成長を実現させるうえでは，「ドルペッグ制度」と「間接金融システム」という金融面の支えが，経済発展に必要な資本を海外から調達するうえで必要不可欠なものであったと考えられている。

　1997年，これら金融面の支えは突如として機能不全を起こす。1997年5月，タイの外国為替市場における大規模なバーツ売りをきっかけに，翌98年にかけてはインドネシア・韓国などの東アジア諸国において，為替相場の急激な下落が生じた，いわゆる「アジア通貨危機」が発生した。これらの国々に共通していた「ドルペッグ制度」と「間接金融システム」という金融面の支えに過度に依存した経済発展モデルは，地場金融機関のバランスシート上に生じた2つのミスマッチ（通貨のミスマッチと満期のミスマッチ）を発生させ，アジア通貨危機の特徴となる「資本収支危機」の根源となった[注3]。

　深刻な経済危機に瀕した東アジア諸国は，きわめて短い期間で経済成長率をプラスへと転じさせることに成功する。その主な理由は，危機によって自国通貨価値は大幅に減価し，最終的な輸出先である先進国の通貨建ての輸出価格が大幅に下落したことで輸出の価格競争力が高まり，危機の生じた経済のGDPを大きく押し上げていったからである。

　しかしながら，名目為替相場の下落による短期的な価格効果とは別に，アジア経済の持続的な成長要因を考察すると，2000年代に入り東アジア各国の貿易構造に大きな変化が生じていたことが指摘されている。それまで，先進国の企業は，良質で安価な労働力を求めて東アジア各国に製造拠点を設け，東アジアで製造された完成品や部品を，最終消費地となる欧米やさらに高度な加工を必要とする日本などの先進国に輸出する「世界の工場」としての役割が担われてきた[注4]。

図表 8-1　各国の ASEAN5＋3 域内輸出額の推移（1990−2009）

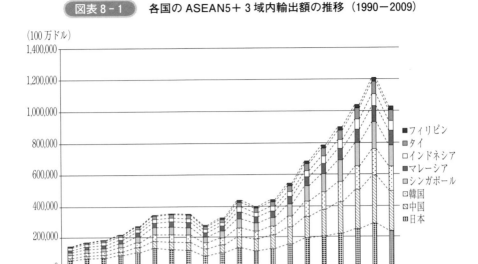

（出所）　川﨑（2014）

　一方，**図表 8-1** に示されるように東アジア諸国の域内貿易の推移をみると，2000年代に入り東アジア域内での域内貿易が急速に拡大していったことがわかる。東アジア諸国の貿易構造に大きな変化が生じた要因には，労働集約的な軽工業から，資本集約的な高付加価値製品の製造を目的とし，多国籍企業がアジア危機以前から各国に存在していた高い技術の集積地を，生産ネットワーク及び物流ネットワークで結び，より高い生産性と効率性をもった一大生産地域を形成し，東アジア地域に「事実上（＝デ・ファクト）の経済統合」を生じさせたことである。そのため東アジア諸国の貿易構造が，従来までの産業間貿易から，産業内貿易へとシフトし，域内貿易が飛躍的に増えたのである。

2．東アジア経済統合の深化

2.1　経済構造の類似性の検証

　東アジアの経済統合が「事実上（＝デ・ファクト）の経済統合」といわれる

所以は，欧州経済統合のような経済統合に向けた政治的意向と経済的誘因とが歩調を合わせ，制度的枠組みの構築を，25〜50年の長い時間をかけて進められてきた経済統合（＝デ・ジューレ）とは対照的であることに由来している。2016年よりアセアン共同体（AEC：ASEAN Economic Community）による制度的な枠組みが発効した東アジア地域であるが，アジアにおいて現在進行中の経済統合は，世界経済のグローバル化の進展や多国籍企業活動の広がりによって，経済的誘因のみが強く先行した経済統合として結実したからにほかならない[注5]。

経済統合の深化を客観的に示す指標の1つとして，経済構造の類似性を検証することができる。経済統合は，各国間の貿易取引及び資本取引を活発化させ，国境を跨ぐ2つの市場間で裁定取引が活発に行われるようになる。その結果，財・サービスの価格差や金利差が収斂するとともに，各国市場取引の円滑化を目論だ貿易障壁の撤廃や資本取引にまつわる市場規制緩和，市場自由化への経済的誘因が増大し，制度的環境を整えた市場統合へ向けて，経済統合段階が進むことが期待される。

「事実上」であれ，「制度的」であれ，経済及び市場統合がある程度進むと，域内の企業間競争は激しくなり，非効率な企業は市場からの退出を余儀なくされる。域内の競争的市場における各産業のそれぞれの物価・賃金水準は次第に均質化し，やがて各国の経済・産業構造は，同質化・類似化が進行することとなり，景気循環の差異は小さくなるとともに，ランダムに発生しうる技術進歩や需要インフレといった経済ショックに対する反応は，域内各国で一様となると考えられているからである。

2.2 構造VARを用いた実証分析

欧州通貨統合について，経済構造の類似性の検証を行った先行研究にはBayoumi & Eichengreen（1993）がある。Blanchard & Quah（1989）によって示された長期制約を課した構造ベクトル自己回帰（S-VAR）モデルを用い，各国経済の産出量に影響を及ぼした経済ショックは，財需要ショックと財供給ショックに分解したうえで，財供給ショックのそれぞれの各国間の相関係数の変化を考察する。

ここで財需要ショック・財供給ショックは次式で表現できるとする。

$$\begin{bmatrix} \Delta y_t \\ \Delta p_t \end{bmatrix} = \sum_{i=0}^{\infty} L_i \begin{bmatrix} a_{11} & a_{12i} \\ a_{21} & a_{22i} \end{bmatrix} \begin{bmatrix} u_{d,t} \\ u_{s,t} \end{bmatrix} \quad \cdots\cdots (1)$$

ただし，Δy：実質 GDP の対数値の一次階差をとった値，Δp：物価の変化率，L：ラグ演算子。

技術進歩や油田開発といった財供給に対して正のショックが発生すると，産出量に対して恒久的効果をもたらすと考えられる。一方で，財需要に関するショックは，自然失業率が達成される長期において，産出量が拡大することはなく，物価が硬直的な短期にのみ影響を及ぼすような，一時的効果しかもたらさない。一方，物価に対しては財需要ショックも財供給ショックも恒久的効果をもたらすと仮定される。したがって，財需要ショックが産出量に及ぼす恒久的効果がないことは，財需要ショックに起因する産出量の変化率（Δy）の累積値はゼロとならなければならないことを意味しており，(1)式については，次のような制約が課せられる。

$$\sum_{i=0}^{\infty} a_{11i} = 0 \quad \cdots\cdots (2)$$

(1)・(2)式から成るモデルを次式で表されるように VAR によって推定することができる。

$$\begin{bmatrix} \Delta y_t \\ \Delta p_t \end{bmatrix} = \begin{bmatrix} \varepsilon_{y,t} \\ \varepsilon_{p,t} \end{bmatrix} + D_1 \begin{bmatrix} \varepsilon_{y,t-1} \\ \varepsilon_{p,t-1} \end{bmatrix} + D_2 \begin{bmatrix} \varepsilon_{y,t-2} \\ \varepsilon_{p,t-2} \end{bmatrix} + D_3 \begin{bmatrix} \varepsilon_{y,t-3} \\ \varepsilon_{p,t-3} \end{bmatrix} + \cdots = D(L)\varepsilon_1 \cdots (3)$$

ただし，$\varepsilon_t = [\varepsilon_{y,t}, \varepsilon_{p,t}]'$ は VAR モデルにおける残差を表す。ここで，VAR モデルの推定によって得られた残差から，供給ショックと需要ショックは次式のように表されると仮定する，

$$\begin{bmatrix} u_{y,t} \\ u_{p,t} \end{bmatrix} = \begin{bmatrix} c_{11} & c_{12} \\ c_{21} & c_{22} \end{bmatrix} \begin{bmatrix} \varepsilon_{d,t} \\ \varepsilon_{s,t} \end{bmatrix} \quad \cdots\cdots (4)$$

ここで，財需要ショックと財供給ショックが直交していること及び財需要

ショックが産出量に対して恒久的効果を持たず，一時的効果しかもたらさないことを行列 C の制約として課す。すなわち，

$$\sum_{i=0}^{\infty}\begin{bmatrix} d_{11} & d_{12} \\ d_{21} & d_{22} \end{bmatrix}\begin{bmatrix} c_{11} & c_{12} \\ c_{21} & c_{22} \end{bmatrix} = \begin{bmatrix} 0 & . \\ . & . \end{bmatrix} \quad\cdots\cdots(5)$$

とし，行列 C を一意に定義する。(5)式によって財需要ショックと財供給ショックの同定を可能にする。このようにして得られた財需要ショックと財供給ショックから，経済構造の類似性を検証すべき各国間で，どのような相関係数をもつかを計算する。

このような経済構造の類似性の検証を行った検証のうち，「東アジアの奇跡」と呼ばれた時期について実証研究を行った代表的な研究には，Bayoumi, Eichengreen, & Mauro（2000）や Zhang, Sato, & McAleer（2004）があげられる。

2.3 アジア危機前後での経済統合度合いの比較

図表 8-2 は Bayoumi, Eichengreen, & Mauro（2000）らの実証研究の結果を示したものである。

Bayoumi らの分析では，1968年から1996年までの間，マレーシアとインド

図表 8-2 Bayoumi, Eichengreen and Mauro（2000）の分析結果（分析期間：1968－1996）

	中国	インドネシア	日本	韓国	マレーシア	フィリピン	シンガポール	タイ
中国	−							
インドネシア	−	1						
日本	−	0.03	1					
韓国	−	0.11	0.17	1				
マレーシア	−	0.16	0.03	0.07	1			
フィリピン	−	0.49	−0.02	0.17	0.05	1		
シンガポール	−	0.32	0.02	0.21	0.01	0.40	1	
タイ	−	0.16	0.32	0.21	0.15	0.02	0.33	1

※ Bayoumi, Eichengreen and Mauro（2000）より筆者抜粋

ネシアとシンガポールにおいては，供給ショックの相関が0.32～0.49，シンガポールとタイの間の相関も0.33となり，分析対象の国のなかでは比較的高い値である。一方，日本との関係では，タイ以外のASEAN諸国とは相関が低く，ほぼゼロである。台湾，韓国，さらにはオーストラリア，ニュージーランドと正相関となっていることがわかる。したがって，供給ショックの相関の大きさを見るかぎり，ASEAN諸国は共通通貨を形成可能であると結論づけているものの，欧州統合を分析した際の相関係数と比較すると，係数の値は小さいといえる。

図表8-3 Zhang, Sato, and McAleer（2004）の分析結果（分析期間：1980Q1－1997Q1）

	中国	インドネシア	日本	韓国	マレーシア	フィリピン	シンガポール	タイ
中国	1							
インドネシア	-0.04	1						
日本	-0.02	-0.2	1					
韓国	-0.18	0.01	-0.03	1				
マレーシア	0.05	-0.05	0.16	0.01	1			
フィリピン	-0.02	0.32	-0.03	-0.03	0.02	1		
シンガポール	0.17	0.06	-0.08	-0.08	0.12	0.30	1	
タイ	-0.16	0.16	-0.18	0.15	-0.03	0.06	0.05	1

※ Zhang, Sato, and Mcaleer（2004）より筆者抜粋

図表8-4 供給ショックの反応に対する各国間相関係数（分析期間：2000Q1－2013Q3）

	中国	インドネシア	日本	韓国	マレーシア	フィリピン	シンガポール	タイ
中国	1							
インドネシア	0.15	1						
日本	0.37	0.07	1					
韓国	0.29	-0.16	0.40	1				
マレーシア	0.26	0.11	0.41	0.34	1			
フィリピン	-0.15	0.02	-0.31	-0.14	-0.05	1		
シンガポール	0.09	-0.26	-0.06	0.04	-0.05	0.18	1	
タイ	0.15	0.12	0.25	0.27	0.37	-0.01	-0.15	1

（出典） 川崎（2014）

図表 8 - 3 には，分析期間を1980年第 1 四半期からアジア通貨危機直前の1997年第 1 四半期について分析を行った Zhang, Sato, & McAleer（2004）では，インドネシアとマレーシア，シンガポールとマレーシアとの 2 国間の供給ショックの相関係数がそれぞれ0.32と0.30であり，他の国々の相関係数よりも相対的に高い値となっているものの，Bayoumi らの研究で得られた相関係数よりは小さな値となっていることが示されている。

　一方，川崎（2014）では「経済のグローバル化」の時期について同様の検証を行っている。図表 8 - 4 は ASEAN5 + 3 の 8 カ国間の供給ショックの反応について，その相関係数を示したものである。

　相関係数が0.3を超えたものは，日本と中国（＝0.37），日本と韓国（＝0.40），日本とマレーシア（＝0.41），韓国とマレーシア（＝0.34），マレーシアとタイ（＝0.37）となっている。一方で，インドネシア，フィリピン，シンガポールが含まれる場合には，ほかの国々との供給ショックの相関係数が0.3を超える組み合わせが存在しない。また相関係数が負となる組み合わせは，日本とフィリピン（＝－0.31），インドネシアとシンガポール（＝－0.26）があげられ，分析を行った期間においては供給ショックの反応が， 2 カ国間で非対称となっていることが示されている。

　経済ショックに関する各国間の相関係数は，図表 8 - 2 及び図表 8 - 3 で示された「東アジアの奇跡」と呼ばれた時期の分析結果において，相関係数が比較的高いことが示された国の組み合わせと，図表 8 - 4 で示された「経済のグローバル化」の時期に得られた国の組み合わせとは異なっており，アジア危機以前とアジア危機後とで，それぞれの経済構造には大きな変化が生じていることがうかがえる。2000年以降の「経済のグローバル化」の時期と，アジア危機以前の「東アジアの奇跡」と呼ばれた時期の域内各国の経済ショックの反応について相関係数を比較すると，「経済のグローバル化」の時期においてより多くの国々で景気循環が同期し，経済構造の類似性が確認されるようになり，東アジアにおいて事実上の経済統合が進んでいたことを裏づけている。

3. 経済統合は金融統合を促進するか

3.1 通貨統合（金融統合）と最適通貨圏理論

　先進国市場への生産輸出基地に過ぎなかった東アジア各国が今日のような経済的な繁栄を手にするようになった背景には，高付加価値製品の生産ネットワークのなかに組み込まれることによって労働生産性が向上し，各国所得水準が著しく上昇したことによって一大消費市場へと変貌を遂げていったことである。内需主導型の経済成長がもたらされるようになると，多種多様な産業への投資を目的とした資本流入が生じるようになる。

　この時期，東アジア諸国の通貨制度は，ドルペッグ制から管理変動相場制度へと移行して，為替相場変動にはある程度の柔軟性が持たされるようになり，資本市場の整備や資本取引の自由化が図られるように変化していた。以前のような「ドルペッグ制度」と「間接金融システム」は，各国の経済成長を支えるうえでの必要・十分条件ではなくなり，政策偏重的な通貨・金融システムを維持せずとも，持続的な経済発展と所得上昇がもたらされるようになった。すなわち，経済統合によってもたらされた経済成長は，ヒトやモノばかりでなく，カネが自由に国境を越えるような金融環境の統合をも促進したことが考えられる。

　よって，東アジアに生じた「事実上の経済統合」の深化の度合いをさらに検証するうえでは，金融統合をも促進していたかについて検証することが重要となる。そのような検証を行う際には「最適通貨圏理論」が用いられる。

　例えば，経済構造に類似性がみられる2つの国が，独立国家として国境線を隔てて位置するとともに，経済的にはそれぞれの「固有通貨」によって隔てる経済圏（＝通貨圏）を形成しているとする。ただしこの2つの国は，経済構造に類似性がみられるために，2つの経済には景気循環の差異がほとんど生じないか，経済ショック（需要・供給ショック）が発生した際に，各経済の反応が「対称的」となるため，2国間の実質為替相場には何ら変動が生じえない。したがって，これらの2つの異なる通貨間の為替相場は，固定相場制度によって2つの通貨価値を結び付けていたとしても，国際収支の不均衡問題が発生しえ

ないことになる。このような場合，それぞれの「固有通貨」によって経済圏（＝通貨圏）を隔てることの合理性は相対的に小さくなる一方で，独自の通貨制度を維持する費用のほうが大きくなるかもしれない。すなわち「固有通貨」によって，2つの通貨圏を隔てることの合理性が低い2カ国は，通貨制度を統合すべきと主張するのが，Mundell（1961）による「最適通貨圏理論」である。

3.2　一般化購買力平価アプローチを用いた最適通貨圏理論の検証

Kawasaki & Ogawa（2006）では，Enders & Hurn（1994）で示されたG-PPPモデルを，実効為替相場間に存在する共通確率トレンドに基づくG-PPPアプローチとして修正している。

ここで共通通貨圏をmカ国（1，2，$\cdots$，j，$\cdots$，m）の国々が共通通貨をアンカー通貨として共通通貨圏を形成するものとして定義する。j国はnカ国の貿易相手国をもっており，そのなかで，通貨圏に含まれることが期待される$m-1$カ国とは強い貿易関係を持っている。ここでj国の実質実効為替相場を次のように書き表す。

$$ree_j = \xi_j \cdot (\beta_{j,1} re_{j,1} + \beta_{j,2} re_{j,2} + \cdots + \beta_{j,m} re_{j,m}) \\ + (1-\xi_j) \cdot (\beta_{j,m+1} re_{j,m+1} + \beta_{j,m+2} re_{j,m+2} + \cdots + \beta_{j,n} re_{j,n}) \cdots\cdots (6)$$

ただし，$re_{j,i}$はi国とj国との間の実質為替相場の対数値を示す。ζ_jはj国の貿易額全体に占める共通通貨をもつグループの貿易額の割合を表している。

係数$\beta_{j,i}$（$\sum_{i=1, i \neq j}^{m} \beta_{j,i} = 1$，$\sum_{i=m+1}^{n} \beta_{j,i} = 1$）は$j$国の貿易額に占める$i$国の貿易額の割合を示している。ここで(6)式右辺第2項に含まれる国から生じる経済ショックはj国の実質実効為替相場には短期的な影響しかもっていないと仮定する。また，仮にこうした経済ショックが長期的な影響をもつ場合，(6)式右辺第1項で示される共通通貨をもつことが期待されるグループには対称的な影響を及ぼすと仮定する。なぜならj国だけが長期的にこのグループ内の国々とは非対称的な影響を受け続けるのであれば，共通通貨圏のなかに含まれることにはメリットがないからである。

ここで簡潔化のために，(6)式右辺第1項に含まれ，共通通貨政策をもつことが期待される国々と，共通通貨政策をもたない$m+1$国に焦点を当て，再びm

−1ヵ国の貿易相手国で示される実質実効為替相場を定義する。

$$ree_j = \omega_{j,1} re_{j,1} + \omega_{j,2} re_{j,2} + \cdots + \omega_{j,m} re_{j,m} + \omega_{j,m+1} re_{j,m+1} \cdots\cdots (7)$$

ただし，係数 $\omega_{j,i}$ $\left(\sum_{i=1, i \neq j}^{m+1} \omega_{j,i} = 1\right)$ は j 国の m ヵ国の貿易相手国の貿易額に占める i 国の貿易額の割合を示している。(7)式は $m+1$ 国の通貨を用いて，以下のように書き表すことができる。

$$ree_j = \omega_{j,1}(re_{j,1} - re_{j,m+1}) + \omega_{j,2}(re_{j,2} - re_{j,m+1}) + \cdots$$
$$+ \omega_{j,m-1}(re_{j,m-1} - re_{j,m+1}) + \omega_{j,m}(re_{j,m} - re_{j,m+1}) + re_{j,m+1} \cdots\cdots (8)$$

ただし，$re_{j,k} = re_{j,n} - re_{k,n} = -re_{n,j} + re_{n,k}$ であることから，(8)式は以下のように書き表せる。

$$ree_j = \omega_{j,1} re_{m+1,1,t} + \cdots + \omega_{j,m} re_{m+1,m,t} - re_{m+1,m,t} \cdots\cdots (9)$$

ここで(9)式を用いて，$m+1$ ヵ国の実質実効為替相場すべてを同様に $m+1$ 国の通貨を用い，またベクトル表記で以下のように書き表すことができる。

$$ree_j = \Omega \cdot re_t \cdots\cdots (10)$$

ただし，

$$\underset{(m+1) \times m}{\Omega} = \begin{bmatrix} -1 & \omega_{1,2} & \cdots & \omega_{1,m-1} & \omega_{1,m} \\ \omega_{2,1} & -1 & \cdots & \omega_{2,m-1} & \omega_{2,m} \\ \vdots & \vdots & \ddots & \vdots & \vdots \\ \omega_{m,1} & \omega_{m,2} & \cdots & \omega_{m,m-1} & -1 \\ \omega_{m+1,1} & \omega_{m+1,2} & \cdots & \omega_{m+1,m-1} & \omega_{m+1,m} \end{bmatrix},$$

及び

$$re = (re_{m+1,1}, \ re_{m+1,2}, \ \cdots, \ re_{m+1,m-1}, \ re_{m+1,m})'$$

である。

実質実効為替相場それぞれには，強い貿易関係を通じ技術進歩にはスピル

オーバー効果を通じた共通トレンドが含まれていると仮定する。Stock & Watson（1988）で示された共和分システムにおける共通トレンド表記を用いて，実質実効為替相場を表すベクトル ree は以下のように定常要素と非定常要素の和で表される。

$$ree_t = \overline{ree}_t + \widetilde{ree}_t \cdots\cdots\cdots\cdots\cdots\cdots\cdots\cdots\cdots\cdots\cdots\cdots\cdots\cdots\cdots\cdots\cdots\cdots\cdots\cdots\cdots (11)$$

定常要素 $\overline{ree}_t$ は，実質実効為替相場の変化率は長期的にゼロであると予想されるため，モデルにおいて $E(\overline{ree}_t) = 0$ である。したがって，ベクトル ree は非定常要素 $\widetilde{ree}$ でのみ表される。ここで，非定常要素 $\widetilde{ree}$ に1つの共和分関係が存在する場合，長期均衡式はを用いて，以下のように定義することができる。

$$\xi_1 \cdot re_{m+1,1} + \xi_2 \cdot re_{m+1,2} + \cdots + \xi_m \cdot re_{m+1,m} = 0 \cdots\cdots\cdots\cdots\cdots\cdots\cdots\cdots (12)$$

ここで ξ は長期均衡式における共和分関係を表す係数である。修正された G-PPP アプローチにおいては，(12)式で表される域内国々の通貨間の実質為替相場の線形結合が，Mundell（1961）の意味における最適通貨圏を満たし，域外にある $m+1$ 国の通貨で表示された共通通貨圏と定義することができる。これにより(12)式の長期均衡関係式を満たす実質為替相場の線形結合を検出することで，最適通貨圏に含まれるべき国を特定化することができる。

3.3 東アジアは最適通貨圏か

東アジアの金融統合の進展を検証する目的で，Kawasaki & Wang（2015）の分析では，東アジア諸国（ASEAN 5 ＝インドネシア・マレーシア・フィリピン・シンガポール・タイ，プラス 3 ＝日本・中国・韓国）の実質実効為替相場に対して，「一般化購買力平価（G-PPP：Generalized Purchasing Power Parity）アプローチ」を応用し，「アジアは最適通貨圏か」について検証を行っている。

任意の 2 ～ 8 ヵ国で構成される247の実質為替相場の線形結合の組合わせを対象に，アジア危機を境とした1984年 1 月から1997年 6 月までと，2000年 1 月から2013年 6 月までの 2 つの異なる経済成長期に相当する標本期間を設けて，構成国の実質為替相場の線形結合が長期的に定常となるかを検証している。検

証で用いられる共和分検定によって，構成国の実質為替相場の線形結合が定常であることが示されることは，各国の実質為替相場の決定要因には，常に共通項が含まれていることを意味し，域内各国間の実質為替相場の変動が安定的に推移するばかりでなく，将来的には通貨統合のような，名目為替相場の固定をも視野に入れた通貨同盟の形成が可能であること，すなわち最適通貨圏であることが示唆される。

「東アジアの奇跡」と呼ばれた時期に相当する標本期間（1984.1－1997.6）においては，6通りの組合わせにおいて，各国間の実質為替相場の線形結合が定常であることが発見された。

一方で，「経済のグローバル化」の時期に相当する標本期間（2000.1－2013.6）では16通りの構成国の組合わせで実質為替相場の線形結合が定常であることが発見された。例えば，アジア危機以前では7ヵ国で構成される最大規模の経済圏を見つけることができる一方で，日本・韓国・フィリピンの3ヵ国を軸とした限られた組合わせでのみ最適通貨圏であることが示される。一方，

図表8－5　アジアにおける共通通貨圏に含まれる候補国

期間	シンガポール	インドネシア	タイ	マレーシア	フィリピン	日本	中国	韓国
「経済グローバル化」期（2000.1－2013.6）	○	○	－	○	○	－	○	○
	○	○	○	－	○	－	○	○
	○	○	○	○	－	－	○	○
	○	－	○	－	○	－	○	○
	○	○	－	－	－	－	○	○
	○	○	－	○	－	－	○	○
	－	－	○	－	○	○	○	○
	○	－	○	－	○	○	○	○
	○	○	○	－	○	○	○	○
「東アジアの奇跡」期（1984.1－1997.6）	－	○	○	○	○	○	○	○
	－	－	○	○	○	○	○	○
	○	－	－	－	○	○	－	○
	－	－	－	－	○	○	○	○

（出典）　Kawasaki and Wang（2015）の実証分析結果から筆者作成

アジア危機以降では，中国・韓国・シンガポールの3ヵ国を軸とした組合わせと，日本・中国・フィリピンの3ヵ国を軸とした組合わせそれぞれに，インドネシア，タイ，マレーシアが加えられた様々な組合わせにおいて最適通貨圏であることが示唆されており，組合わせが多様化したことは，改めて東アジアの経済統合の深化が確認されたともいえよう。

4．おわりに：東アジア共同体と東アジアの将来

　単一通貨ユーロの導入が行われた欧州の経済通貨同盟においては，経済統合と通貨統合とがほぼ同義で議論され，ユーロを導入していない欧州連合の国々も早晩，ユーロの導入が期待されている。そのため，最適通貨圏理論に基づき，実際にヨーロッパ各国は通貨統合の条件を満たしているかどうか，つまり「ユーロは最適通貨圏か」については，これまで多くの議論がなされ，通貨統合によって発生する経済的デメリットがどの程度発生するのかについての実証研究が盛んに行われた。しかし2009年のギリシャ財政危機を契機として，通貨統合や通貨統合の維持可能性に対する懐疑的な見方が広まり，経済統合と通貨統合とがもたらす意義が，全く異なることを露呈した。そのため，これまで進んできたアジア経済の統合やアジア経済共同体の創設についても疑問が投げかけられるようになった。しかし，本章で示した実証研究の分析結果を含め，東アジアの経済統合を検証する多くの実証研究によって，東アジアにおいては「事実上の経済統合」が進み，金融面に関しても金融統合が進んでいることが確認されている。つまり東アジア諸国に最適通貨圏が存在しうることは，域内各国間実質為替相場の決定要因である所得プロセスは，強い連動性を帯びており，自国経済と近隣諸国との景気循環の差は生じにくいこと，よって域内各国が独自に行う政策余地そのものが，格段に小さくなっていると言い換えることができる。

　このことは，自国経済の繁栄のみを優先させる財政・金融政策や，地域経済の成長と整合性を考慮しないアドホックな経済政策が採用される場合には，東アジア経済のみならず，自国経済の持続的な成長機会をも損なわれる可能性があることを認識しなければならない。現状，欧州のような通貨統合を予定せず，

また事実上の経済圏を維持する制度的枠組みを一切持たない東アジア地域においては，きわめて重要な含意である。

　21世紀になってIT技術等の技術革新によっていわば自然現象のような「グローバリゼーション」が世界中で進展したが，自然現象のようなグローバリゼーションが急速に進む現代において，一方で新自由主義者らによって「グローバリズム」という信奉的な資本主義が推し進められたことには注意をしなければならない。とりわけグローバリズムの中心的な教義の1つは，経済発展に関する「トリクルダウン理論」であり，経済成長が進むにつれ，富める者から貧しい者へ富がしたたり落ちることが想定されていることである。しかしそのような富の配分メカニズムは，資本主義の市場経済を通じて「富の最適配分」が自然と生じるのか，それとも政府によって社会政策を通じた所得移転による「富の再分配」機能によってようやく達成されるのかについて，何ら理論的な根拠をもって証明されていない。一方，リーマンショックに端を発する世界金融危機は，金融資本主義が社会の許容範囲を超えた経済格差の拡大を招いたことで，世界経済のトリクルダウン理論がほとんど機能していなかったことを明らかにした。

　世界金融危機や欧州財政危機を経て，今日の国際金融環境の急激な変化は世界経済の持続的な成長に対する不安要素として認識されている。そのため，国際金融市場からもたらされる負の外部性から自国経済を保護する目的で，近年，再び資本取引規制や外国為替市場への関与を高める通貨・金融当局が増えていることは事実である。いまや「グローバリゼーション」及び「リージョナリゼーション」は，歪な資本主義を推し進めた「グローバリズム」や「リージョナリズム」と混同され，曲解されるようにもなっている。

　とりわけ，まだ実現していない通貨統合や制度的経済統合によってもたらされる経済的メリットの大きさについては，事前に正確に考慮することが難しいという大きな問題点がある。よって欧州通貨統合やEU拡大局面において，政策変更以前の経済指標から予測される便益の有無や大小を考慮するよりも，政治的な判断に大きく依拠せざるを得なかった。そのため，アジアにおいて制度的な経済統合を議論することは，グローバル化時代の安全保障問題を含めた高度な政治問題として扱われることを余儀なくされている。

しかし，経済統合によって経済発展及び経済成長が促されることには議論の余地はなく，これまで東アジアが40年にわたり貧困率を劇的に低下させる原動力であった経済成長は，とりわけ近年では，経済統合の深化や金融環境の統合を前提としたものであった。今後も東アジア地域における経済成長の機会は，同様に地域の経済統合を前提とするならば，各国がグローバリゼーションの負の外部性から自国経済を守る政策は，同時に地域経済の持続的な経済成長を守る政策でなければならない。とりわけ経済発展のトリクルダウン理論が機能しない上で今日のような東アジア地域の経済的繁栄を将来にわたって担保するには，国内的な政治経済課題を優先するのではなく，地域経済という集合体を長期にわたって持続可能な経済圏としてどのように維持させるかという点を重視しなければならない。そのうえでは，地域内での「富の再分配」が十分機能する政治的枠組みの形成が不可欠となる。

　東アジアを取り巻く環境が不安定さを増すほど，東アジア経済の政策担当者は，東アジア地域経済の持続的な発展に対する揺るぎない意志を再確認するとともに，東アジアの安定と繁栄のための集団的行動の継続努力を怠ってはならないのである。

付　記

　本章は川崎（2014）及びKawasaki & Wang（2015）の実証分析の結果を元に，内容を再構成したものである。

注

1　World Bank, "Regional aggregation using 2011 PPP and $1.9/day poverty line," (http://iresearch.worldbank.org/PovcalNet/index.htm?1) 参照。
2　いわゆる経済発展のトリクルダウン理論の１つの根拠とされている。
3　新興経済国や開発途上国において，安定した経済成長が実現されるためには，不足した国内貯蓄を補うための潤沢な資金が海外から安定供給され，かつその国の「長期成長産業」に投資される必要がある。その際，海外からの資本流入については，資本調達を行う事業主体及び金融機関と，資金運用を行う投資家との間で考慮されるべきリスク：信用リスク，為替リスク，市場リスク，決済リスクが，相互且つ適切に負担なければならない。しかし，急速な経済成長を遂げていた多くの東アジア諸国が，事実上のドルペッグ制度の採用や銀行システムを通じた間接金融方式に偏重した資金融資構造を有してい

たことにより，これらの国々の金融機関は，必要な資金を外国通貨建てで調達し，融資を自国通貨建てで行うために生じる「通貨のミスマッチ」と，海外市場から短期資金を調達し，国内へは長期貸出を行うために生じる「満期のミスマッチ」の2つのミスマッチ（＝ダブルミスマッチ）を抱えていた。
4 アジア域外の先進国から資本財などを輸入し，域内で製造された消費財をアジア域外へ輸出するような輸出指向型経済成長モデルが経済発展を支えており，繊維製品や履き物といった軽工業をはじめ，家電製品などの組立製造などがその代表例である。
5 東アジア諸国のうち日中韓を除くASEAN10ヵ国は，1992年に「ASEAN自由貿易協定」の設立が合意され，その後は，各国間で関税引下げなど自由貿易や市場統合への努力が積極的になされてきた。とりわけASEAN諸国は，域内の経済統合において制度的な枠組みの構築が早期から試みてきた。しかしながら，ASEAN域内での貿易拡大が本格化するのは，2000年代に入ってからであり，アジア危機後はこれまでのような政府主導の開発政策，産業政策，貿易政策，国内金融政策は次第に影を潜めるようになり，一方で多国籍企業の生産・物流ネットワークの構築が，ASEAN域内各国の経済成長に大きく貢献した。

参考文献■

Bayoumi, T., & Eichengreen, B. (1993). Shocking aspects of European monetary integration. in Francisco Torres & Francesco Givavazzi (Eds.), *Adjustment and Growth in the European Monetary Union*, Cambridge University Press, 193-229.

Bayoumi, Tamim, Barry Eichengreen & Paolo Mauro (2000). On regional monetary arrangements for ASEAN. *CEPR Discussion Paper,* No. 2411.

Blanchard, O. & Quah, D. (1989). The dynamic effects of aggregate demand and supply disturbances. *American Economic Review*, 79, 655-73.

Enders, W., & Hurn, S.S. (1994). Theory and tests of generalized purchasing power parity: Common trends and real exchange rates in the Pacific Rim. *Review of International Economics,* 2, 179-190.

Kawasaki, K. (2012). Are the 'ASEAN plus three' countries coming closer to an optimum currency are? *China Economic Policy Review*, 1, 2, 1-31.

Kawasaki, K., & Ogawa, E. (2006). What should the weights of the three major currencies be in a common currency basket in east Asia? *Asian Economic Journal*, 20, 1, 75-94.

Kawasaki, K., & Wang, Z. (2015). Is economic development promoting monetary integration in east Asia? *International Journal of Financial Studies*, 3, 4, 451-481.

Mundell, R.A. (1961). A theory of optimum currency areas. *American Economic Review*, 51, 657-665.

Stock, J.H., & Watson, M.W. (1988). Testing for common trends. *Journal of the American Statistical Association,* 83, 1097-1107.

Zhang, Z., Sato, K. & McAleer, M. (2004). Is a monetary union feasible for East Asia? *Applied Economics*, 36, 10, 1031-1043.

川﨑健太郎 (2014)「アジア経済の統合深化と通貨・金融統合への課題」『経済学論究』, 68, 1, 関西学院大学経済学部, 185-198頁。

(川﨑　健太郎)

第9章

患者需要予測と適正病床数に関する考察
—ハフモデル適用による分析—

1. はじめに

　2013年7月21日の参議院選挙では，自民党が圧勝した。自民党がどのような医療政策を進めていくのか，これからの議論を待つとして，少しずつ記憶から薄れつつある東日本大震災について，もう一度思い返すこととしたい。
　2011年3月11日，かつて経験したことのない大地震と大津波は，わが国がこれまで培ってきた危機管理のあり方をも覆した。東北3県を中心に，多大な被害を受けることとなったが，病院も例外ではなかった。厚生労働省・総務局によれば，岩手県の94の病院のうち，一部倒壊は59，全壊は3[注1]，宮城県の147の病院のうち，一部倒壊は123，全壊は5，福島県139の病院のうち，一部倒壊は108，全壊は2となっている[注2]。無傷だった病院は，岩手県で32，宮城県で19，福島県で29である。被災したこれらの3県では，震災直後191の病院で，入院停止もしくは制限があり，まさに病床の確保が重要なテーマとなった。これまで都市圏においても，災害時の対応に本格的に取り組んでいくことが求められてきた。そのなかでも病床の確保は，重要課題の1つとなっている。
　政府は社会保障と税の一体改革を謳い，民自公の3党合意による消費税増税法案を先行させたが，肝心の社会保障については，多くが棚上げされたまま今後の議論を待つこととなった。財源確保と同時に，社会保障の全体像をどのように描いていくか，真剣に議論を重ねていくべきである。医療分野においても9年連続して増加している医療費の財源確保と将来像について，考えていかな

かなくてはならない。

　本章では，医療提供体制のうち，病床数に焦点を当て，その検討の必要性を指摘することから始めたい。具体的には，現段階で明らかになっている将来モデルを基に，2012年度診療報酬改定の内容にも踏み込みながら，病床数の検討の必要性を主張する。さらに，検討手法の1つとして，ハフモデルの適用を試み，その有効性を探る。

2．病床検討の必要性

2.1　25年モデル

　野田佳彦首相のもと，2011年6月，「社会保障・税一体改革成案」（以下，成案）を策定し，12月に素案としてまとめられ，2012年2月に大綱として閣議決定された。そこでは，2025年の将来像（以下，25年モデル）が示された。成案では，消費税率の10％への引き上げが明記され，2つの目的が示された。つまり，「社会保障の機能強化」と「財政の健全化」である。

　厚生労働白書によれば，社会保障給付費は，2010年で105.5兆円となっている。また2015年で116兆円，2025年には141兆円に増え，この社会保障給付費の公的負担が，財政赤字の要因としている。

　どうして，25年モデルなのかというと，団塊の世代が後期高齢者の仲間入りをするのが，2025年であるからだ。25年モデルは，医療の分化・強化・連携によりイメージされている。以下，成案で提示された将来像である25年モデルの内容を明らかにしたい。

　2011年の一般病床数は107万床，平均在院日数19～20日程度，1日当たりの利用者は80万人である。この一般病床を高度急性期18万床，一般急性期35万床，亜急性期26万床等に機能分化させる。なお，地域によって急性期から慢性期までを1つの病院が担わざるをえないような離島地域では，地域一般病床として24万床として分けることにしている（**図表9-1**）。

　療養病床では2011年で23万床，平均在院日数150日程度，1日当たりの利用者21万人であるが，25年には，28万床，135日程度，25万人と想定している。

　同様に，精神病床は35万床，300日程度，31万人を，27万床，270日程度，24

図表9-1　病床の機能分化

<2011年> 一般病床
107万床，
19～20日程度，

病床数
平均在院日数
1日当たり利用

【高度急性期】	【一般急性期】	【亜急性期等】	【地域一般病床】
18万床， 15～16日程度， 16万人	35万床， 9日程度， 33万人	26万床， 60日程度， 31万人	24万床， 19～20日程度，

（出所）　内閣官房「第10回社会保障改革に関する集中検討会議の配布資料」等により作成。

万人にするとしている。これらのシナリオによれば，一般病床で4万床減，療養病床で5万床減，入院全体で7万床の削減ということになる。急性期病床を減らす分，療養病床を増やすのは当然のことである。ただし，各医療機関がどの機能特化を目指すかは，各院が自院の経営状況及び人的資源の確保を考えながら[注3]，自由に意思決定していくことになる。

2.2　12年度診療報酬改定

　診療報酬改定とは，目指したい医療の方向性に，各医療機関を誘導していくための誘導策といえる。この点に関しては，これまで改定のたびに指摘してきたところである。12年度改定では，誘導性をさらに色濃く感じ，強いメッセージとして伝わってくる。具体的には，機能分化，連携，負担軽減といったキーワードが考えられる。以下キーワードとなる機能分化の視点から，どのような内容の見直しがなされているのか検討を進めていく。

　機能分化に沿った見直しは，いくつかの点で明らかにみられる。特に，25年モデルにおける一般病床の再編を意識した内容として，急性期に関する見直しが行われている。

　まず，大病院における初診料の点数を270点から200点に，外来診療料（再診）を70点から52点に，それぞれ大幅に引き下げた。ここでいう大病院とは，紹介

率が40％未満^(注4)，逆紹介率が30％未満^(注5)の特定機能病院，または500床以上の地域医療支援病院のことを指す。

　この引き下げの意味するところは，急性期医療機関は一般外来を縮小し，専門外来を確保していくべきということである。なぜならば，改定による減収を補うためには，特別料金を取るしかないからだ。患者から特別料金を受け取ることは，200床以上の病院には認められている^(注6)。そうなれば，紹介状のない患者や，紹介されたにもかかわらず再診に来る患者は制限されることになるというわけだ。

　一般外来縮小の方法としては，紹介率・逆紹介率を診療報酬算定の要件にすることも考えられるが，今回は直接的に初診料を下げるという方法がとられた。

　次に，急性期入院について，7対1入院基本料の算定要件が厳格化された。まず，平均在院日数を19日以内から18日以内にした。次に，重症患者の受入れ率である看護必要度基準を10％から15％以上と厳しくした。厚生労働省によると，2010年の7対1一般病棟は約33万床，そのうちの3割が15％以上をクリアできていないという。25年モデルの高度急性期病床を18万床としていることからすれば，今後の改定においてもさらに厳格化が進められることになろう。したがって，7対1に残るか，10対1に変更するのかの選択が，民間病院においては強く迫られている状況といえよう。なお，10対1病院入院基本料については，一般病棟看護必要度加算は廃止されたが^(注7)，新たに看護必要度加算が設けられたため^(注8)，多くの病院は増収となる。ただし，重症患者が10％に満たなければ減収となる。

　機能分化の見直しは，DPC対象病院に対しても行われた。具体的には，対象病院の振り分けと，それに伴う係数の見直しである。

　DPC対象病院は，2011年4月時点で1,449病院，47万床ある。これらをⅠ・Ⅱ・Ⅲ群の3つに分けた。Ⅰ群は大学病院本院が入る。Ⅱ群には大学病院本院並みの高い診療密度を有する病院が該当する^(注9)。2012年度はⅠ群が80病院，Ⅱ群が90病院^(注10)，その他がⅢ群として位置づけられる。

　以上，機能分化のキーワードが色濃く反映された見直し内容のいくつかを取り上げたが，今後の改定においても同じ傾向での見直しがさらに進められていくことになろう。つまり，患者需要予測及び病床規模の検討が不可欠であると

いえる。

3．病床数の分析

3.1 ハフモデル

ハフモデルは，これまでマーケティング分野を中心に用いられてきた分析手法である。例えば，以下のように説明されている。

「小売吸引力を測定する最も優秀なモデルであるが，ハフ（Huff, D.L）はライリー・モデル等を発展させて，特定の商業集積の吸引力を説明するモデルを構築した。このモデルによって，個別の店舗への来客数を予測したり，その商圏の範囲を設定したりすることが可能になった。」（出牛，2004）

「小売業の顧客吸引に関するモデルである。都市内の複数の買い物施設間で顧客を獲得し合っている状況において，特定の買い物施設が特定地区からどのくらいの割合で顧客を吸引することができるのかを推定するために開発された。」（宮澤・亀井，1993）

「ハフは，心理学者R.D.ルースの個人選択公理を前提とし，ある目的地の効用はその地点にある小売施設の規模に比例し，消費者がその目的地に到達するのに必要な旅行時間のベキ乗に反比例するとした。」（新井，1992）

このように，吸引力もしくは効用を，人口距離との関係で説明しようという試みは，ライリー（W.J. Reilly）やコンバース（P.D. Converse）らが行っていたが，それらをさらに発展させたのがハフ（D.L. Huff）である。したがって，わが国においても大型小売店の進出に関して，ハフモデルを用いた研究が中心であった[注11]。

一方，患者需要に関してはどのような研究がなされてきたのであろうか。まず，患者需要の予測や診療機能評価の重要性が指摘されている（日本建築学会編，1995，；伊藤・長澤他，1987）。次いで，患者需要の検討のための来院患者特性の分析（堀口，1999，pp.736-739），医療施設の環境分析が行われ（長谷川，2001，pp.998-1003），マーケティングの視点からの検討もあった（川渕，1993；日本建築学会，1990）。特に建築学の分野では，医療施設の最適配置の側面からの研究（谷村，1982，pp.101-107）や，基本的に病院は患者の自由意

思によって選択されるわけだが，そうした患者の選択行動を明らかにしようとする分析研究も行われている（水田，1986，pp.35-41；柏原他，1999，pp.347-352）。また，病院選択と距離との関連性を示唆する研究もある（日本建築学会編，1992）。

こうした先行研究を整理してみると，2つの共通点が浮かび上がってくる。

1つは，診療圏を20kmの範囲としたり（柏原，1991），調査対象地域の範囲を2次メッシュ（約10km四方）で設定し，40km四方の範囲内で分析する等，広範囲での検討が目立つということである。2つめは調査対象地域が地方に限られているという点である[注12]。こうした背景には，1998年に施行された「中心市街地活性化法」との関連が考えられる。つまり，地方都市における医療施設の郊外移転による影響を探り，医療施設の整備のあり方の検討に主眼が置かれているということである。

そこで，本章ではこれら先行研究も参考にしながら，従来とは異なる視点で考察する。具体的には，調査対象地域の範囲をさらに限定することで，よりミクロ分析を行い，地方ではなく都市部の病院を対象に分析してみる。

3.2 A病院の分析

研究協力を得た東京都23区内のA病院[注13]を対象とし分析を試みた。A病院を調査対象としたのは，300床以上の地域拠点病院であり，他の同規模病院に比べ，長年にわたって病床稼働率が低いという課題を抱えているという理由からである。それはつまり，患者需要予測及び病床数の検討の必要性が高いということになる。

分析手法を順を追って述べていく。まず，A病院の診療圏を設定する。具体的にはA病院から半径3km以内の地域とした。A病院へ来院する患者の多数は，徒歩・自転車・バスを利用しており，また3km内の居住者が9割以上であること，圏内には他のいくつかの拠点病院もあることから，これ以上診療圏を広げる必要はないと判断したからである。

次に同診療圏内を39の地区に分割し，それぞれの人口を求めた。その人口に，受療率（人口に対してどの程度の数の人々が受診するかの割合）を乗ずれば，その地区の推計患者数が求められる。受療率については，東京都の平成20年患

者調査の入院受療率を用いた。それによると，人口10万人当たり810人の受療率となっている[注14]。ただし，A病院では「精神及び行動の障害」は扱っていないため，その受療率175を除いた635を用いることにした。ここまでを式に表すと(1)のようになる。

$$\text{各地区人口(A)} \times \text{受療率(B)} = \text{各地区推計患者数(C)} \quad \cdots\cdots\cdots\cdots\cdots (1)$$

次に，(1)式のCのうち，どの程度の数の人がA病院に来院するかという確率がわかれば，その確率をCに乗ずれば，A病院の各地区推計患者数が求められる。この確率を，ここでは患者吸引率と呼ぶこととする。

そこで，患者吸引率を求めるためにハフモデルを適用した。ハフモデルによれば，S_1病院の地区1の患者に対する吸引力は魅力度に比例し，距離（距離の係数乗）に反比例することになる。地区1の患者がS_1病院に行く確率は，地区1に対するS_1病院の吸引力を，S_1，S_2，S_3…病院の吸引力の合計で除した値となる。つまり，以下の式及び**図表9-2**のように考える。

$$P_{ij} = \frac{\dfrac{S_j}{(T_{ij})^r}}{\sum_{j=1}^{n} \dfrac{S_j}{(T_{ij})^r}}$$

P_{ij}：所与の地点（町）i からある病院 j に行く患者の確率
S_j　：病院の魅力度
T_{ij}：所与の地点（町）i と病院 j の距離
r　：距離の係数

地区1から病院S_1に行く確率

$$P11 = \frac{\dfrac{S1}{T11}}{\dfrac{S1}{T11} + \dfrac{S2}{T12} + \dfrac{S3}{T13}}$$

なお，魅力度に関して，商業施設の商圏分析では売場面積等を用いることが多い。しかし，病院の魅力度は床面積よりも病床規模のほうが適していると考

図表9-2　患者吸引率

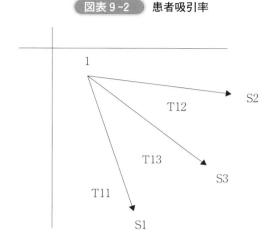

えた。他に標榜診療科目数，医師数，看護師数といったことも考えられるが，それらを反映しているのが病床規模であると仮定して，それを用いることとした。また，距離の係数は，過去の研究では1.0が用いられることが多く，ここでもそれらを参考にして1.0とした（今井他，1984）。

診療圏をA病院から半径3kmとし，圏内を39の地区に分け，圏内にある34病院を対象とした(注15)。34病院までの距離及び病床数により，39地区それぞれから各病院に来院する確率を出し，それらを用いてハフモデルによってA病院に来院する患者吸引率を求めた。それに各地区の人口を乗じて，各地区の推定来院患者数を推計した結果，395人となった。式で示すと(2)及び(3)のようになる。

$$各地区推計患者数(C) \times 来院確率(D) = 各地区推計来院患者数(E) \cdots (2)$$
$$39地区の(E)の合計 = 診療圏内推計来院患者数(F) = 395人 \cdots (3)$$

(3)式で示した395人には，一般病床及び療養病床の両者の患者が混在している。そこで，療養病床の患者を除いた一般病床の患者を求めなければならない。

ところで，全患者に対する一般病床の患者の割合は，傷病別に推計されている。そこで，先述した東京都の患者調査により，傷病別の患者構成比（G）を求め，それに（F）の395人を乗じて，傷病別の患者数（H）を算定した。次に，

一般病床の占める割合（I）を（H）に乗じて，傷病別の一般病床患者数（J）を出し，それらを合計した結果，307人の一般病床推計患者数が導き出された。以下の式のようである。

$$傷病別患者構成比(G) \times 395人(F) = 傷病別患者数(H) \quad \cdots\cdots(4)$$
$$(H) \times 一般病床の占める割合(I) = 傷病別一般病床推計患者数(J) \quad \cdots\cdots(5)$$
$$(J)の合計 = 307人$$

以上の分析の結果，A病院（一般病床312床）の患者需要は，307人となる。

実際は，診療圏（半径3km）以外からの来院患者もいることから，十分な需要が見込め，病床の規模は適正範囲内であると判断できる[注16]。

4．おわりに

社会保障の全体像をどのように描くかは，財政健全化とともに，わが国の重要課題の1つである。なかでも，医療分野における提供体制の整備について，患者の視点と同時に，病院経営を考えた病院側の視点からの検討も欠かせない。そこで，本章では，提供体制の本体ともいえる病院病床に焦点を絞り，その検討の必要性を指摘することから始めた。

続いて，具体的な病床数検討のため，東京都内の病院を調査対象として，患者需要を予測し，病床数が適正であるかどうかの分析を行った。そこでは，分析手法としてハフモデルを適用した。分析の結果，対象病院の病床数は適正範囲であると考えた。こうした分析は，各自治体における医療計画にも応用可能であり，人口10万人に対する病床数といったマクロの考え方を補足する，ミクロの検討としての役立ちが期待できる。

ただし，ハフモデルにおける病院魅力度を病床数としたが，他の要因の定量化を試みることも，今後は必要となってくるかもしれない。また，かかりつけ医と病院の連携が促進されていくことによる影響にも配慮していくことになる。こうした点については，今後の検討課題として，さらに別途研究してみたい。

また，ハフモデルの分析においては，株式会社病院システム　田中一夫氏の協力を得た。ここで感謝申し上げたい。

なお，本章の前半で病床検討の必要性を主張したが，自民党政策においてもその必要性を認め，適正な医療提供体制の構築を目指していくべきである。ハフモデルを適用する場合には，この精度を向上させるため，例えば，距離の係数を1.0とすべきかどうかといった検討も，課題の１つになってくるかもしれない。

注

1 全壊した県立山田病院は11年７月に，県立大槌病院は11年６月に，県立高田病院は11年７月に，それぞれ仮設診療所を開設し，復旧を目指した。
2 福島第一原子力発電所の20km圏内の２公立病院は休止したままである。相双医療圏（相馬市，南相馬市，双葉郡，相馬郡）の看護職員は，震災前に比べて約４割減っている。
3 厚生労働省では，高度急性期の職員数を現行の２倍，一般急性期を1.6倍にするとしている。
4 紹介率は，(紹介患者数＋救急患者数)÷初診患者数　で求める。
5 逆紹介率は，逆紹介患者数÷初診患者数で求める。
6 200床以上の病院に求められている，保険外併用療養制度の選定療養のことである。
　これは紹介状のない初診患者と他院に紹介したにもかかわらず来院した再診患者から，自院で求める特別料金を徴収できるというものである。
7 前回の改定後，看護必要度を継続的に測定すれば，一般病棟看護必要度加算（５点）が算定できるようになった。これが今改定では廃止された。必要度の測定は算定要件に入れられた。
8 重症患者の割合が15％以上の場合，看護必要度加算１（30点）を，10％以上で同加算２（15点）を算定できる。
9 Ⅱ群に求められる要件は次のようである。
　① １日当たり包括範囲出来高平均点数
　② １床当たり臨床研修医師数
　③ 手術１件当たり外保連手術指数
　④ DPC算定病床数当たり外保連手術指数
　⑤ 重症患者に対する診療の実施（複雑性指数）
　これらが大学病院本院の最低値（一部は下から２番目の値）を超えていること。
10 90病院のうち民間病院は少数に過ぎず，大半は大学病院分院や公的病院である。
11 例えば，藤岡・山岡（1980），板倉（1979）（1988）がある。
12 地方を対象とした研究としては，例えば高瀬・山田（2003），西尾・村木（2006）がある。
13 A病院は，一般病床312床，療養病床32床のケアミックス型病院である。
14 同調査によれば，人口10万人当たり，総数で810の受療率である。これは21の傷病分類別に決められており，分類Ⅴの「精神及び行動の障害」の受療率は175となっている。
15 対象の34病院は以下のようである。なお，各病院は表示番号とし，実名は伏せてある。

病院	地域	開設者	病床数 総数	一般	療養	精神	結核	感染症	施設介護療養型医療指定病床数（再掲）	特定機能病院	地域医療支援病院	都指定二次救急医療機関	臨床研修病院
1	新宿	財団法人	304	304								○	○
2	新宿	学校法人	1025	998		27						○	○
3	新宿	医療法人社団	60	60									
4	新宿	社会福祉法人	154	154								○	
5	新宿	社団法人	418	418								○	○
6	新宿	医療法人社団	60	60								○	
7	中野	医療法人社団	37	37								○	
8	中野	東京都医療生活協同組合	283	251	32							○	○
9	中野	財団法人	431	431								○	
10	中野	医療法人社団	110	55	55								
11	中野	医療法人社団	34		34				34				
12	中野	医療法人社団	110		110								
13	中野	医療法人社団	30	30									
14	中野	宗教法人	363	331	32							○	○
15	杉並	医療法人社団	84	84								○	
16	杉並	医療法人財団	76	76									
17	杉並	医療法人財団	315	315							○	○	○
18	杉並	医療法人財団	198		198								
19	杉並	医療法人社団	99	50	49				24			○	
20	杉並	医療法人財団	186	186									
21	杉並	医療法人社団	48	48									
22	杉並	医療法人財団	135		135								
23	杉並	医療法人社団	125		125								
24	杉並	宗教法人	199	52	147								
25	世田谷	医療法人社団	23	23									
26	世田谷	医療法人社団	67	43	24				24				
27	渋谷	医療法人社団	53	53								○	
28	渋谷	学校法人	131	131									
29	渋谷	JR東日本	462	433		27	2						○
30	渋谷	医療法人社団	137		137								
31	渋谷	個人	45	45								○	
32	渋谷	医療法人財団	60	60								○	
33	渋谷	医療法人社団	80		80								
34	渋谷	医療法人社団	173		173								

（出所）　筆者作成。

16　以下の表を示しておく。

第9章　患者需要予測と適正病床数に関する考察

傷病分類	東京都の病院の受療率（平成20年患者調査）	構成比（％）（総数－「Ⅴ精神及び行動の障害」に対する比）①	患者の構成 ②＝①×推定患者数	一般病床の占める割合の推計値 ③	一般病床の推計患者数 ④＝②×③
総数	810				
総数－「Ⅴ精神及び行動の障害」	635			76.8	
Ⅰ 感染症及び寄生虫症	15	2.36	9.3	93	8.7
Ⅱ 新生物	112	17.64	69.7	95.7	66.8
Ⅲ 血液及び造血器の疾患並びに免疫機構の障害	4	0.63	2.5	92.0	2.3
Ⅳ 内分泌，栄養及び代謝疾患	21	3.31	13.1	74.9	9.8
Ⅴ 精神及び行動の障害	175		0.0	33.5	0.0
Ⅵ 精神系の疾患	60	9.45	37.4	64	23.9
Ⅶ 眼及び付属器の疾患	8	1.26	5.0	99.2	4.9
Ⅷ 耳及び乳様突起の疾患	1	0.16	0.6	97.1	0.6
Ⅸ 循環器の疾患	153	24.09	95.3	53.6	51.1
Ⅹ 呼吸器の疾患	46	7.24	28.6	85.7	24.6
Ⅺ 消化器の疾患	42	6.61	26.2	94.4	24.7
Ⅻ 皮膚及び皮下組織の疾患	6	0.94	3.7	85.1	3.2
ⅩⅢ 筋骨格系及び結合組織の疾患	34	5.35	21.2	79.6	16.9
ⅩⅣ 腎尿路生殖器の疾患	30	4.72	18.7	84.6	15.8
ⅩⅤ 妊娠，分娩及び産じょく	14	2.2	8.7	100.0	8.7
ⅩⅥ 周産期に発生した病態	4	0.63	2.5	100.0	2.5
ⅩⅦ 先天奇形，変形及び染色体異常	4	0.63	2.5	93.4	2.3
ⅩⅧ 症状，徴候及び異常臨床所見・異常検査所見で他に分類されないもの	12	1.89	7.5	86.9	6.5
ⅩⅨ 損傷，中毒及びその他の外因の影響	64	10.08	39.9	79.3	31.6
ⅩⅩ 健康状態に影響を及ぼす要因及び保健サービスの利用	5	0.79	3.1	82.4	2.6
計			395.4		307.4

（出所）　筆者作成。

参考文献

新井喜美夫編（1992）『マーケティング用語辞典』東洋経済新報社，75頁。

板倉　勇（1979）『通産省審査指標で大型小売店の進出はこう調整される－＜ハフ・モデル＞をやさしく＜実例解説＞』ダイヤモンド社。

―――（1988）『大型店出店影響度の読み方－通産ハフ・モデルの手引き』中央経済社。

伊藤　誠・長澤泰他（1987）『新建築学体系31　病院の設計』彰国社。

今井正次他（1984）『新建築学体系21　地域施設計画』彰国社。

柏原士郎（1991）『地域施設計画論』鹿島出版社。

柏原士郎他（1999）「入院患者の病院選択利用行動における競合着地モデルの適合性について」『第17回地域施設計画シンポジウム』，347-352頁。

川渕孝一（1993）『これからの病院マネジメント』医学書院。

高瀬大樹・山田哲也（2003）「患者需要予測システムの開発と適用―医療施設計画における患者マーケティングに関する研究―」，『日本建築学会技術報告集』第17号，日本建築学

会，375-378頁。
谷村秀彦（1982）「最小移動距離配置計画法を用いた広域病床整備計画」『日本建築学会論文報告集』NO.322，日本建築学会，101-107頁。
出牛正芳（2004）『基本マーケティング用語辞典「新版」』白桃書房，163頁。
西尾英俊・村木美貴（2006）「病院立地と人口分布の関連性に関する研究」『都市計画論文集』NO.41-3，日本都市計画学会，797-802頁。
日本建築学会編（1990）『建築企画論―建築のソフトテクノロジー―』技報堂。
──────（1992）『建築・都市計画のためのモデル分析手法』井上書院。
──────（1995）『地域施設の計画』丸善。
長谷川敏彦（2001）「戦略的病院経営の勧め・2－戦略分析－」『病院』第60巻11号，医学書院，998-1003頁。
藤岡重興・山岡敬始（1980）『大型店進出と商店街－修正ハフ・モデル活用と地域商業ビジョン計画』第一法規出版。
堀口裕正（1999）「病院におけるマーケティングの手法」『病院』第58巻8号，医学書院，736-739頁。
水田恒樹他（1986）「診療圏に関する研究－入院患者の病院選択行動モデル－」『病院管理』第23巻4号，日本病院管理学会，35-41頁。
宮澤永光・亀井昭宏監修（1993）『マーケティング辞典「改訂版」』同文舘出版，212頁。

（大坪　宏至）

第10章

終末期医療の問題をめぐる経済的視点からの検討

◆

1．はじめに

　本章においては,「応用経済学」の一領域として, 今後到来する「超高齢社会」を見据えた, わが国における医療問題の現状と課題について検討する。こうした医療問題に関心を寄せるようになったのは, 2008年より, FP（ファイナンシャル・プランナー）教育に携わる過程において, ライフプランを原点に多彩な切り口を見つける FP という存在を知ったことが大きかったと感じている。筆者なりの視点で研究領域における関わり方を模索した結果が, 医療問題への関心でもあり, 経済学的な理論分析をもとに診療報酬制度や, 企業金融との関わりを視野に入れつつ, 医療機関における資金調達などの問題も幅広く扱ってきた。

　本章において,「終末期医療」という慎重に対応すべき問題にあえて踏み入れたことには, いくつかの理由が存在する。まず, この問題は医療経済の領域において, 高齢化との関連でも早い段階から, 増え続ける医療費削減という点で, 関心度が高く, 実証的な分析を中心に検討されてきた課題でもあり, 現場の医療従事者との考え方の相違が明らかになりつつも, 経済学的な視点が医療分野に盛り込まれた第一歩であった, ということである。次に, 昨今の診療報酬改定においては, 在宅医療推進への方向性が明確化されており, とりわけ病院を中心とした急性期医療は大きな影響を受け, 一方で診療所のあり方についても改めて問われつつあるが, そうした在宅への流れは, 終末期問題に当初関

心が寄せられていた頃から見られつつあった，という点である。在宅看取りも1つの選択肢として，終末期医療の問題にも改めて再度，焦点が当てられている。そして最後に，FPとの関わりについて言及するならば，終末期に関わる医療費の議論は，わが国における公的医療保険制度，とりわけ「高額療養費制度」(注1)の存在の影響が大きかったということである。こうした制度的な面から，生活者に向けた情報発信の役割が重視されているが，さらに終末期の問題は，自らのライフプランを早い段階から考えることの必要性を改めて問う課題でもあり，FPとしての原点に戻るところでもある。最近では，FPを中心に，「終活士」といった職種も注目され，相続問題への関心度も高まっており，金融機関等でFPに求められる役割も，こうした時代の変化とともに変わりつつあるなかで，改めて見直すべきFP本来の役割でもあると感じている。

　本章では，こうした様々な理由を背景に，終末期医療の問題について取り上げ，経済理論の視点からも現実の問題との関わりについて検討してみたい。

2．終末期医療問題と経済学との関わり

2.1　終末期医療問題をめぐる論争

　鈴木亘（2002）によると，当初，わが国の医療経済学者が終末期医療についての研究を本格的に開始したのは，1993年における財団法人公衆衛生振興会の「老人医療レセプトデータ分析事業」が始まりだったという。当時，これらの実証分析から，死亡前1年間にかかる「終末期医療費」の規模が相当に大きく，老人医療費（入院）全体の2割にも及んでいるとして，終末期医療費削減の問題が注目されることとなった(注2)。すでに，高齢化にともなう医療費の問題は，医療経済学者と，現場の医療関係者との間でも考え方の相違が明らかになってきており，長寿社会開発センター（1996）「福祉のターミナルケアに関する調査研究事業報告書」を機に，「福祉ターミナルケア論争」と呼ばれる状況にまで進展した。河口（2015）によれば，「終末期には患者の意向によらない過剰な救命医療が行われており，医療費抑制の観点から緩和ケアを拡大すべき」という意見と，一方で「終末期の予測は「がん」など一部に限られ，多くの場合は予測できない。したがって，高齢者が医療を受ける権利を制限すべきではな

い」（長寿社会開発センター，1996，p.227）という2つの意見で論争が繰り広げられていたという。「費用対効果」という観点から，費用がかかる治療費に自己負担を求める必要性において「高額療養費制度」との関連性が指摘されたのも，この頃である(注3)。このように，立場の相違によって，大きく考え方も異なり，当時から論争がなされていたわけではあるが，最近になって，鈴木厚（2012）が，医師としての立場から，「経済性で終末医療をとらえることで，うまくいく可能性もあるのではないか」（鈴木，2012，p.7）とした意見を述べていることは意外でもあり，これまであり得なかった両者の関係が，実は関連づけて考えざるを得ない段階まで深刻化していることでもあるように考えられる。

2.2 高齢化と医療費

　前項で述べたように，このような論争が存在していたわけであるが，高齢化と医療費に関する実証研究は，「red herring（燻製ニシン）仮説」といわれている。河口（2015）によると，Zweifel et al.（1999）において，スイスの公的保険のデータ分析をもとに，「「年齢」は医療費の本当の増加要因ではなく，「死に至るまでの有病期間」が真の要因である」（河口，2015，p.232）との主張をもとに始まったという。その後，地域やデータ期間の長さによる相違，死亡患者に限らず治療後の生存患者も含める必要性，急性期の医療費のみならず，その後の介護費用との合計で考える必要性などが主張され，多くの実証分析がなされてきているという。河口（2015）は，これらの仮説をわが国のケースについて検証したHashimoto et al.（2010）の結果を紹介しており，生存患者を考慮しても，医療費だけの場合においては仮説があてはまる一方，介護費用も含めて考えると，生存患者の介護費が大きく，全体では必ずしも「死亡に至るまでの期間」が医療費の増加要因になるとは言えないとして，この仮説を否定しているという。

　図表10-1は，最近における国民医療費と高齢者医療費を示したものである(注4)。

　このように，最近の状況においては，70歳以上の高齢者医療費の占める割合は大きくなっていることが明らかである。しかしながら，高齢化に伴う医療費高騰の要因もさることながら，医療技術の進歩による影響が最近ではとりわけ

図表10-1　わが国における国民医療費と高齢者医療費

医療費の現状 / 年度	平成23年度	平成24年度
国民医療費（全体）	37.8兆円	38.4兆円
70歳以上（うち75歳以上）の国民医療費	17.0兆円（13.3兆円）	17.4兆円（13.7兆円）
国民医療費全体に対する比率 70歳以上（うち75歳以上）	44.9%（35.2%）	45.4%（35.6%）

（注）　介護に関する費用は含めていない。国民医療費には公費分も含まれているが，70歳以上の費用には，公費分を含めていない。
（出所）　厚生労働省「平成24年度　医療費の動向」をもとに筆者作成。

大きいことも，診療報酬改定のたびに明らかにされる点でもある。また，後述のように，昨今の在宅医療への流れは，終末期の入院医療費削減につながる可能性はあるものの，伊藤・濃沼（2006）において指摘されているように，診療報酬改定のたびに，在宅医療への評価が引き上げられつつあり，「在宅終末期医療費の推計は新診療報酬のもとで実態に応じて再計算される必要がある」(伊藤・濃沼，2006, p.225)。すなわち，今後，より在宅医療の充実を視野に入れて，終末期医療を考えた場合には，従来のような入院医療中心の結果とは異なり，かえってその総額は増えていく可能性が指摘できる。

　こうした点とは別に，鈴木亘（2002）においては，独自のアンケート調査に基づき，終末期医療の自己選択を推進していくうえでの要因について実証分析を行っている。これによると，医療費の自己負担額増加について，ほとんど影響は見られず，そうした経済的インセンティブによって必ずしも終末期医療費が減少することにはつながらないとしている。むしろ，緩和ケア・ホスピス等の環境整備や十分な病状説明等により，リビングウィル（生前の意思表示）作成に向けた環境整備が，終末期の医療費削減においては重要であると結論づけている。こうした結果からは，昨今の「高額療養費制度」の見直しも，社会保障費全体に関わる財源の問題とは別に，終末期医療費という観点からすれば，それほど大きな影響を与えることにはつながらない，ということになる。

2.3 終末期に関する類型化

池上(2006)においては,こうした終末期に至るプロセス(「死に至るパターン」)は3つのパターンに類型化でき,その状況に応じて検討すべき課題も異なる点を指摘している。**図表10-2**は,池上(2006)に従い,これらの論点を整理したものである。考慮すべき課題としては,3つの類型化ごとに,①終末期を明確に規定できるか,②回復と部分的な改善状態との区別,③患者の意思確認とそれに従った医療提供が可能か,④どのような場所でどのようなケアが提供できるか,の4つを挙げている。

このように,終末期医療を考えるうえでは,不確実性ゆえの医療の特性が影響を与えており,すべての場合において,「終末期」を明確に規定することは難しい。パターン2と3のケースは比較的,高齢者に多いように思われるが,1の「がん」のケースは,高齢者に限らず起こり得る。最近の診療報酬改定に

図表10-2　終末期に関する類型化と4つの課題

1．「がん」のケース
①　末期においては,ある程度明確に規定できる
②　急速な機能の低下時点で区別できない
③　患者の意思確認が保たれる時期は限られる
④　ホスピス,チーム医療による一般病棟でのケア,在宅での緩和ケアなど
2．時々重症化しながら長期的に機能が低下する慢性疾患のケース 　（心臓,肺,肝臓等の臓器不全,神経疾患など）
①　終末期の規定は困難,急性増悪時には正しい予測も不可
②　回復はできないが,入院により改善の可能性あり（両者の区別ができる）
③　入院時には患者の意思確認困難,延命措置につながる可能性が大きい
④　治療のための専門的な医師と病院でのケア
3．長期間にわたり機能がしだいに低下するケース（老衰,認知症など）
①　終末期の判断と規定は困難
②　回復はできないが,合併症の改善の可能性あり（両者の区別ができる）
③　患者の意思確認は早期の段階,進行後は家族が推定,延命治療につながる可能性
④　居宅,介護保険施設等で診療所の医師によるケア（末期には入院の判断あり）

(出所)　池上(2006)の記述内容をもとに一部抜粋引用のうえ,筆者作成。

おいては、がん対策推進基本計画とも相まって、「がん医療」に対する対策が重視されている傾向にあるが、こうした類型化を考慮すると、終末期医療の問題とも関連する。一方で、池上（2006）でも指摘されているように、「がん」のケースでは、早い段階における奇跡的な回復も期待できることから、急性期医療の問題[注5]にも関連する部分が見られ、一律の類型化は難しいといえる。

3．終末期医療に対する取組みと調査結果

3.1 「高齢社会」から「多死社会」へという現実

　厚生労働省（2015）「平成26年人口動態統計の年間推計」によると、2014年の出生者数は100万1,000人で過去最少となり、一方で死亡者数は126万9,000人で最多となる見込みであると推計している。2005年に初めて両者が逆転して以来、その差は拡大し続けている。こうしたわが国の現状について、長尾（2015－2016）は、「高齢社会の次に訪れるであろうと想定されている社会の形態であり、高齢者の増加により死亡者数が非常に多くなり、人口が減少していく社会」（長尾、2015－2016、p.146）として、「多死社会」と表現している。死因別にみると、多い順に「悪性新生物」、「心疾患」、「肺炎」、「脳血管疾患」の順であり、この点は近年あまり変化していない。内閣府の『高齢社会白書（平成27年版）』によると、終末期に関する高齢者の意識として、次のような結果が示されている。まず、「今後起こるかもしれないことへの備え」として終末期医療については、「あまり考えていない」（22.8％）あるいは「全く考えていない」（19.0％）など、約4割の国民は「考えていない」という（同書、図1－3－10）。次に「最期を迎えたい場所」については、「自宅」を望む人が54.6％にも達し、「病院などの医療施設」は27.7％にとどまっている（同書、図1－2－3－19）。最後に「延命治療に対する考え方」については、「自然にまかせてほしい」と望まない人が91.1％にも達しており（同書、図1－2－3－20）、2002年の調査結果であった81.1％と比較して大幅に増加している。

　こうした調査結果にもかかわらず、現状は、とりわけ死亡場所についてみると、2014年時点で、「医療施設」（77.3％）、「老人施設」（7.8％）、「自宅」は12.8％にとどまり、2005年と比較しても、施設看取りが5％増加しているもの

の，在宅死の割合はほぼ変化していないのが実態であるという（岩尾，2016, p.32）。長尾（2015-2016）は，こうした実態について，医療者としての立場から，国民の病院志向が根強いことや，在宅医療の推進策にもかかわらず，24時間対応の負担の重さ等を理由として指摘するとともに，最大の課題は，家族の権限が強く，リビングウィルといった意思表示にも法的担保がないことであるとしている。しかしながら，この点については，後述のように，現状では難しい課題でもあるといえる[注6]。

3.2 終末期医療をめぐる施策
① ガイドラインの策定

こうした点について，厚生労働省や日本老年医学会をはじめとして，各団体からも終末期に関するガイドラインが発表されるようになった。ガイドラインの具体的な内容についての詳細には言及しないが，そもそも石井（2001）でも指摘されていたように，終末期の定義そのものが曖昧である点について，日本老年医学会（2012）「高齢者の終末期の医療及びケアに関する立場表明」においては，「終末期」とは，「病状が不可逆的かつ進行性で，その時代に可能な限りの治療によっても病状の好転や進行の阻止ができなくなり，近い将来の死が不可避的となった状態」（日本老年医学会，2012, p.1）としている。既述のように，終末期の類型化には複数のパターンがあり，予測も困難であることを考慮して，具体的な期間については定めていないことがわかる。

また，厚生労働省は，「人生の最終段階を迎えた患者や家族と医療従事者が最善の医療やケアを作り上げるための合意形成のプロセスを示すもの」として，「人生の最終段階における医療の決定プロセスに関するガイドライン」を策定している[注7]。ガイドラインにおいて，「終末期の判断」については，前節で紹介した3つの類型があることを前提に区分しており，患者本人による決定を基本としたうえで，患者の状態に応じて，多職種の医療・ケアチームにより，患者と家族との十分な話し合いを踏まえた合意に基づき判断すべきであることが強調されている。また患者の状況に応じて，柔軟に対応すべきであり，合意に至らない場合には複数の専門家からなる委員会を設置して，合意の形成に努めることが大切であるとしている。

このようなガイドラインを国としても策定してはいるものの，実際には医療従事者が，こうしたガイドラインの存在を知らない，あるいは参考にしていない場合も多く，現実には，こうした問題への対処は，ガイドラインどおりにはいかないことの難しさがわかる。

② ガイドラインに基づく整備事業の実施

厚生労働省では，こうしたガイドライン周知のためにも，ガイドラインに基づいた，医療・ケアチームに対する研修や，患者・家族に対する相談支援の実施，事業支援等を行う「適切な体制のあり方を検証するためのモデル事業」を実施している。平成26年度は10か所の医療機関を対象に，また平成27年度は，在宅療養支援診療所（在支診）を含めた5か所を対象に実施し[注8]，独立行政法人（現・国立開発研究法人）国立長寿医療研究センターがその報告を受けて評価機関として結果を報告書にまとめている。同報告書（独立行政法人国立長寿医療研究センター（2014））によれば，病棟の種類や入院期間等によっても，こうした相談支援の導入のしやすさに相違がみられる点を指摘しており，例えば，支援に結び付けやすいのは，「急性期と回復期の両病棟を有する」，「入院期間が長い」，「家族との接触機会が多い」，「がん化学療法目的の入院」，「信頼関係の構築」等の要因であるという。他方，導入が困難なケースとしては，「入院期間が短い」，「高度急性期病棟」，「治療を主眼とした入院」等の要因があげられている。2014年における診療報酬改定を機に，「地域包括ケア病棟」への転換が進みつつあり，こうした病棟では平均在院期間も比較的長く，信頼関係を構築しやすいこととも整合的な部分が見受けられる。他方で，平均在院期間の短縮化が求められ，あくまでも治療目的を中心とした急性期病院が目指す方向性が，慢性期や終末期を視野に入れたものとは異なる点も，この結果は示しており，こうした支援体制と，実際に進められている病院の機能分化との関連性も指摘できるのではないだろうか。一方で，「即効性がなく病院内だけでは出来ない対応」として在宅医療のケースが挙げられており，こうしたガイドラインが，慢性期疾患や終末期医療の選択肢ともなるであろう，今後の「在宅医療推進」の方向性に対して，十分なものとなり得るのかどうかという点は課題であるといえるだろう。

③ 意識調査結果について

厚生労働省では,「人生の最終段階における医療に関する意識調査」を,一般国民に限らず,医療従事者や介護施設職員等も対象に含めて実施し[注9],その最新の結果について2014年3月に公表している。この集計結果から,一部のみ抜粋してまとめたものが,**図表10-3**である。

報告書においては,この結果に関して,意思表示の書面については,「具体的なイメージにつながる情報提供が不可欠」(p.23) と指摘しており,そうした点からは,FPや終活士などが関わり,支援していく必要性も考えられる。

図表10-3 意識調査結果（平成26年度）

(単位：%)

調査項目	国民 (2,179人)	医師 (921人)	看護師 (1,434人)	介護職員 (880人)
事前指示書の作成[注10] （賛成である）	69.7	73.4	84.7	83.8
事前指示書の作成 （すでに作成している）	3.2	5.0	3.5	3.5
書面に従う治療の法制化 （定めなくてよい）	53.2	71.3	56.5	55.8
ガイドラインの利用状況 （知らない,参考にしていない）	－	56.3	64.3	57.2
終末期医療に関する一律の基準 （大まかな基準を示すべき） （基準は必要ない）	－ －	52.1 35.6	54.7 33.2	50.5 36.0
状況に応じて希望する療養場所 ①末期がんでも不自由なし ②末期がんで食事呼吸に不自由 ③重度の心臓病で手助けが必要 ④認知症が進行してかなり衰弱	居宅 (71.7) 病院等 (47.3) 病院等 (39.5) 介護施設 (59.2)	居宅 (87.7) 居宅 (57.5) 居宅 (52.0) 介護施設 (64.6)	居宅 (92.0) 居宅 (66.6) 居宅 (46.1) 介護施設 (76.9)	居宅 (85.7) 居宅 (58.6) 居宅 (41.6) 介護施設 (74.2)

(注) 紙面の制約上,正確な表現については簡略化している。療養場所は最も高い比率の場所のみ。
(出所) 厚生労働省（2014）「終末期医療に関する意識調査等検討会報告書」

また、こうした事前意思表示に関する法制化は難しく、ガイドラインの認知度も低い。さらに様々な状況に応じた療養場所の結果からもわかるように、終末期に関する医療の選択肢は多くなっているものの[注11]、そういう状況に直面した患者をどれだけ見てきたか、という経験の有無によって認識が異なり、そうした経験が少ない生活者の立場では、「１つの経験で意識が全く変わる可能性がある」(p.23)。報告書では、「人生の最終段階における医療に対する国民の関心や希望は様々であり、こうした思いを支えることができる相談体制やそれぞれのライフステージに適した情報を提供すること等により、国民が主体的に考えることのできる機会を確保することが重要である」(p.26) とまとめている。それを支えるのは、医療者や家族等とのコミュニケーションであろう。医療者自身もこうした立場の相違による認識の違いを理解したうえで患者や家族とのコミュニケーションを密にする必要があるであろう。また生活者の立場としても、自らの希望が最適ともいえない可能性があることを知ったうえで、自分自身の考え方を検討していく必要がある。

　こうした立場による認識の相違について、すでに伊藤・濃沼（2006）においては、在宅医療のメリットとデメリットを知らない人にとっては、「漠然と在宅療養を希望しつつも、結局は入院を選択する」（伊藤・濃沼、2006, p.225）と指摘しており、医療者の立場であっても在宅看取りの経験の有無がそうした選択肢の提示に影響を与えることにもつながり、「在宅・終末期医療の拡大、普及には、そのメリットとデメリットを知ってもらう情報提供が必要」(p.227) であると結論づけている。最近の診療報酬改定における在宅看取り実績重視の方向性は、こうした調査結果からも、その必要性が問われているといえるのかもしれない。

4．診療報酬制度との関わり

4.1 「生前意思表示」に設定された診療報酬

　2016年度は早くも２年に１度の診療報酬改定の年度を迎え、さらなる在宅医療充実や、認知症対策、がん医療対策等に向けた評価引上げ、新設項目設置などの見直しがなされている。本節では、「終末期医療」に関わる論点を中心に、

課題となる点について見ていくこととしたい。

　すでに2000年より「在宅末期医療総合診療料」という項目が，在宅医療を受ける末期がん患者を対象に設置されており，2006年度からは，24時間対応を前提とする在宅医療提供に中心をおく「在宅療養支援診療所（以下，在支診）(注12)」が創設され，これまでの改定において，その実績要件見直しとともに，さらなる充実化が図られてきた。とりわけ，前回の2014年改定においては，こうした今後の在宅医療推進の方向性が明らかにされ，在支診を中心に「主治医機能の評価(注13)」が盛り込まれ，診療所に求められる役割も改めて見直されることとなったが，こうした内容の前身は，2008年改定における「後期高齢者診療料(注14)」（月１回600点の包括）の設置であった。また終末期に関しては，「後期高齢者終末期相談支援料」（１人１回のみ200点）が新設されたものの，こちらはわずか３ヶ月で凍結，「後期高齢者診療料」についても「後期高齢者」に限った要件が批判のもととなり，2010年改定では廃止となっている。「後期高齢者終末期相談支援料」は，終末期と判断された場合に，医療従事者が共同して，患者やその家族とともに診療内容を含む終末期における療養に関して，ガイドライン等を参考に患者の十分な理解を得るための話し合いを行って，その内容を文書等に記録した場合に医療機関側が算定できる報酬である（日本医療事務協会「診療報酬点数表（医科）平成20年４月版」）。しかしながら，こうした「生前意思表示」，いわばリビングウィルのようなものへの診療報酬が，患者の意思表示や延命治療中止の強制につながるとして批判された。清水（2008）によると，なぜ保険医療の枠組みのなかで「終末期」の治療の選択を患者に迫る必要があるのか，また，生前意思が問われることで，患者の十分な理解が得られないままに「延命」の選択をしにくい雰囲気につながってしまうとする問題点が指摘されている。荻野（2014）によれば，2008年11月に行われた意識調査において，「後期高齢者診療料」の届出を行っていた医療機関1,102のうちでも，９割では，患者の理解や同意が得にくく，この支援料についての算定は行われていなかったという。一方で鎌田（2016）は，こうした項目が，結局のところは，「主治医機能の評価」につながる「地域包括ケアシステムの先取り」でもあり，「終末期を自己決定できる」（鎌田，2016，p.342）という，現在になって再度焦点が当てられている問題を先取りしたものであった，として前向きに

評価している。

これを機に,「生前の意思表示」に関して,こうした診療報酬の設定はなされていないものの,後述のように,「在宅看取り加算」や「在宅ターミナル加算」といった方向での評価が改定のたびに引き上げられつつあることは,むしろ患者の自己決定等に関する話し合いの質を重視することなしに,単に診療報酬のみによる誘導がなされているようにも感じられる。

4.2 最近の「在宅」へ向けた診療報酬改定の方向性と課題

このように,2008年における「後期高齢者」に関する項目は結果として削除されたものの,それ以降の診療報酬改定においても,在宅医療の充実を視野に入れた見直しが進んでいる。「在宅医療」そのものが,本来,外来受診が難しい患者を対象としたものであり,往診をはじめとして,自宅や施設等で療養中の患者に対する,定期的な医師の訪問診療(「在宅患者訪問診療料」,「在宅時医学総合管理料」等)が中心である。こうした中心的な内容についても,改定のたびに評価引き上げ等の方向で見直しがなされている[注15]が,**図表10-4**では,とりわけ終末期にかかわる項目について,その後の変化を整理している。

図表10-4 最近の診療報酬改定に関する内容

改定年度	終末期にかかわる「在宅医療」や「がん医療」関連項目の主な見直し
2010年	・「在宅ターミナルケア加算」2,000点(「在支診」等の例外→10,000点) ・「在宅訪問看護指導料」において,在宅緩和ケアの充実のため,「がん専門訪問看護料」(1回1,285点)を新設 ・「がん患者カウンセリング料」(1回500点),「がん治療連携指導料」(300点)等の新設 ・「認知症専門診断管理料」(1回500点)の新設
2012年	・「機能強化型在支診」等の緊急時往診加算の引き上げ650点→(例)850点 ・在宅ターミナルケアと在宅看取りについてプロセスを分けた評価体系に変更 　→「在宅ターミナルケア加算」(例)6,000点,「看取り加算」(例)3,000点 ・「在宅末期医療総合診療料」を「在宅がん医療総合診療料」に名称変更 ・「外来緩和ケア管理料」(月300点)の新設→外来緩和ケアの充実目的 ・「がん治療連携管理料」(1回500点)を新設

改定年度	終末期にかかわる「在宅医療」や「がん医療」関連項目の主な見直し
	→化学療法等による紹介外来患者対象 ・「認知症専門診断管理料」を2段階の体系へ，評価引き上げ（例）700点 ・「認知症療養指導料」（月350点）の新設 ・「緩和ケア病棟入院料」について在院日数に応じた評価引き上げ 　→（例）30日以内：3,780点から4,791点へ 　　（初期の緩和ケア評価と在宅への円滑な移行目的）
2014年	・「主治医機能の評価」として「地域包括診療料」（月1,503点）の新設 ・「機能強化型」に対する実績見直しと強化 　→年間往診10件，在宅看取り4件以上 ・「在宅療養実績加算」の新設 　→十分な実績のある在支診等への評価引き上げ 　（例）　緊急時等の往診：75点，ターミナルケア加算：750点， 　　　　在宅がん医療総合診療料：110点の加算 ・実績のある病棟について「在宅復帰率機能強化加算」（1日10点）を新設 ・「がん患者カウンセリング料」の区分を3つに細分化 　→心理的な不安軽減等
2016年	・在宅医療専門（外来応需体制なし）の診療所の開設認可 　→在宅医療提供体制の補完目的，ただし在宅看取り実績年間20件以上等の要件あり ・「在宅緩和ケア充実診療所・病院加算」の新設 　→機能強化型かつ緩和ケアの十分な経験，十分な実績がある場合 　（例）　往診：100点，ターミナルケア加算：1,000点， 　　　　在宅がん医療総合診療料：150点の加算 ・「在宅療養実績加算」について実績に応じた2区分へ細分化 ・「認知症地域包括診療料」（月1,515点）の新設 ・実績のある（在宅復帰率70％以上等）有床診療所の評価引き上げ ・急性期病棟（7対1病床）の在宅等復帰割合引き上げ（70％→80％へ） ・「がん治療連携管理料」をがんに関する病院の種類に応じて3区分へ細分化 ・「外来がん患者在宅連携指導料」（1人1回500点）の新設 　→外来で化学療法や緩和ケアを実施している終末期に近い進行がん患者対象，患者の同意，文書必要 ・「がん性疼痛緩和指導料」（月200点） 　→緩和ケア研修を受けた医師実施に限る

改定年度	終末期にかかわる「在宅医療」や「がん医療」関連項目の主な見直し
	・胃ろう造設術の評価加算に関する基準見直し→術前のカンファレンス，計画書の作成と同意，意識障害や認知症等の場合を除く等

(出所) 社会保険研究所（2012・2014・2016）『診療報酬点数表　改正点の解説（医科）』より抜粋して筆者作成。

　このような全体像からみると，終末期医療を，がん医療や緩和ケアといった観点と連動させて，池上（2006）で指摘した3つの類型のうち，「がんモデル」を念頭において強調した報酬体系となっているように見受けられる。岡本（2007）はこうした点について，すでに「在宅死推進論の医療側が提供してきたイメージが主として「がん患者」であり，実は介護負担の少ない比較的少数の事例である」（岡本，2007，p.42）とも指摘していた。その一方で，新設項目や見直しは進められているものの，がん医療や認知症対策といった論点と在宅・緩和ケアとの議論が別々に進んでいるようにも感じられる。がん医療については，2016年1月より「がん患者登録制度」も開始され，「アウトカム評価」が今後も重視されている方向にある。その一方で，こうした「在宅」への流れにおいても，「在宅復帰率」や看取り実績など，「アウトカム評価」が取り入れられつつあり，在宅・緩和ケアといった領域において何を目標とすべきなのか，アウトカム重視の方向性は，終末期医療に関して慎重に対応すべきでもあり，単に評価引き上げや加算等による改定は，再度，考え直すべき問題でもある。また，2008年の「生前意思表示」に対する診療報酬が理解を得られなかったことからも明らかなように，こうした診療報酬による誘導のみでは限界があることを，とりわけ終末期に関する問題においては示しており，生活者自身がこうした方向性を知ったうえで，どのような選択をするべきであるのか，医療者や家族との十分なコミュニケーションのもと，検討すべき問題を多く含んでいるといえる。

5. 終末期医療に関する理論的検討

5.1 終末期医療に関する理論分析（宮本（2008）モデル）

　終末期医療をめぐる実証的な分析については，すでに紹介したように多岐にわたるものの，終末期にある患者にとって延命治療が選択される点に関して，そのインセンティブとの関係から理論的な検討を展開している数少ない分析として，宮本（2008）の研究が指摘できる。宮本（2008）では，患者個人の「ミクロ的視点」からすれば，「延命治療において一定水準以上の「生の効用」がターミナル患者にある限り，延命治療を選択する」（宮本，2008，p.1）と理論的に結論づけている。以下では，その分析の概要について紹介する[注16]。ここでの終末期患者の想定は，余命1期と宣告された「高齢のがん患者」である。選択肢としては，①緩和ケアを選び0期末には確実に死を迎えるが，最期まで生活の質（以下QOL：Quality Of Life）を維持できる場合と，②延命治療を受け入れることで，さらにもう1期（1期末まで）余命を伸ばすことはできるもののQOLは低下する場合の2つである[注17]。このモデルの特徴として，宮本（2008）は終末期患者にとって「最適消費を考えることは現実的ではなく，公的医療保険制度の存在ゆえに予算制約を考慮する必要性がない点」（宮本，2008，p.3）を指摘している。モデルの設定は以下のとおりである。

　D：「死の不効用」（具体的には「死への恐怖」であり，$D>0$で有限）。

　ただし，死の直後はその恐怖から解放されることで「死の効用」（$-D$）となる。

　$\beta \equiv \dfrac{1}{1+\rho}$：$\rho$は時間選好率であり，よって$0<\beta<1$である。

　$u(i)$：$i=a$は緩和ケア，$i=b$は延命治療のケースであり，それぞれの場合を選択した時に余命を生きることから得られる1期当たりの「生の効用」を示し，$u(i)>0$である。

　$U(i)$：それぞれの選択に応じた場合における終末期患者の全体の効用

　このとき，2つのケースにおける各個人の効用関数を現時点での効用でみると，

　①　緩和ケアのケースでは，$U(a)=u(a)-\beta D$と表され，

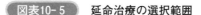

図表10-5　延命治療の選択範囲

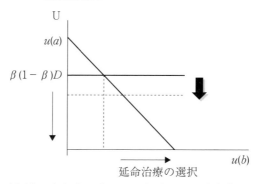

（出所）　宮本（2008）図2より引用して一部加筆

②　延命治療のケースでは，$U(b) = (1+\beta)u(b) - \beta^2 D$
となる。両者ともに全体の効用は正であり，このモデルでは，QOLのみによって「生きる効用」が影響を受けるものとし，$u(a) > u(b)$ を仮定している。以上の仮定のもとで，終末期患者が②の延命治療を選択する条件は，$(1+\beta)u(b) - \beta^2 D > u(a) - \beta D$ であり，$U = u(a) - (1+\beta)u(b)$ として，上記の条件を書き直すと，$U < \beta(1-\beta)D$ を満たす領域において延命治療が選択されることが導かれる。これを図で示したものが**図表10-5**である。宮本（2008）が指摘するように，延命治療の選択は，「死の不効用」D に依存することがわかる。D すなわち死への恐怖を弱めることができれば，図中の直線の下方シフトにより，その選択可能性の範囲は小さくなることが理論的に明らかにできる。

5.2　理論的分析から得られる示唆と展望

宮本（2008）が提示しているこのモデルでは，QOLのみが「生の効用」に影響し，変数としては取り入れられていないが，1期間において一定である。

緩和ケアの場合においても，死の恐怖は存在しているであろうが，延命治療の選択が「死の不効用」Dの水準のみに依拠しているという結論は，緩和ケアをすすめるためには，Dのコントロールが不可欠である，ということにもつながる。最近の診療報酬改定においても，とりわけ終末期がん患者の精神面でのケアにも重点がおかれている方向性[注18]は，こうした分析からも明らかな点で

もある。また，宮本（2008）が終末期患者として「末期がん」の状況を仮定している点は，終末期を明確にできる類型としては自然な仮定であろうが，高齢者に限定せず，若年層にも適用できるように思われる。高齢者の場合，現実には慢性疾患や認知症等の終末期が明らかにできないケースにおいても，緩和ケアか延命治療かを選択しなければならない状況が生じるものの，「死の不効用」といった概念が1つの選択基準となることを明らかにしている点では終末期医療の分析を検討していくうえで興味深いのではないだろうか。

　在宅医療へのシフトが政策的にも進められ，在宅医療を前提に，終末期医療に関する理論モデルを検討していくうえでは，堀田（2015）において言及したように，在宅医療の「質」を問う競争モデルに発展させていくことも可能であり，今後そうした分析を試みる必要性は大きいだろう。しかしながら，「質」として何を考えるのか，具体的にQOLを変数に取り入れたモデル化も理論的には可能であろうが，ガイドラインにも明記されていたように，患者本人の意思を尊重する「最善の医療」とは何であるのかは，その個々の患者によって異なるものであり，一律に考えることは難しい。これまでの理論的な分析は，急性期医療を中心とした，いわば「病院モデル」が中心であり，かつての往診から発した「在宅医療」は，わが国独特のものでもある。こうした「在宅医療推進」への方向性が根づくには課題も多いであろうが，今後，理論的な観点から何らかの示唆を得ることができるよう，期待したいところでもある。

6．おわりに

　本章においては，今後到来する「多死社会」を見据えて終末期医療に関して取り上げた。在宅医療へのシフトが推進され，逆に急性期医療は厳しい環境下にある。一方で質の高い在宅医療を現状の診療所に期待することも難しい。しかしながら，本当の意味での「かかりつけ医」を見つけるのは患者自身の選択であり，その定義さえも曖昧ななかで，最期の看取りまで考えた場合にどうするのが良いのか，それを決めるのも患者自身である。在宅医療へのシフトは，がん医療の問題とも関連づけて診療報酬制度の方向性が動きつつあるものの，終末期の明確化とは別に，看取りは誰にとっても問題となる課題でもあり，改

めて個々の生活者が考えていく必要がある。2008年改定時、わずか3ヶ月で凍結となった生前意思表明への診療報酬や、昨今の改定における安易な診療報酬引き上げ等による誘導では、患者本人や家族を考えた在宅看取りが実現できるとも思われない。訪問看護の充実が、一方では都市部での在宅孤独死を増加させているという「パラドクス」も、こうした推進策の難しさでもある。経済学的な視点が報酬設計において取り入れられつつある一方で、診療報酬による誘導には限界があることも確かであり、とりわけ終末期医療の問題に関しては慎重に対応していく必要がある。

今後求められる「地域包括ケアシステム」のもとで、「医療分野」と「ファイナンス」との連携が必要とされてくる可能性については堀田（2015）において指摘したが、本章の最後に、FPとの関わりについて言及しておきたい。こうした高齢社会を迎えるにあたり、最近は相続分野への関心も高く、「エンディングノート」や「リビングウィル」といった言葉も一般的に認識されつつある。医療の分野やこうした慎重な問題にFPの立場から積極的に関わっていくことには難しさや課題も多いであろうが、こうした問題を通じて自らのライフプランを早い段階から意識していく、というFPの原点ともいえる視点が、改めてそこに問われてきているように感じる。『決められない患者たち』において、すべてを予測できないからこそ、お互いが情報を理解して共有し、自分なりに納得して答えを出すこと、そのためには時間をかけたコミュニケーションが大切であることを訳者は強調している。本章で取り上げた問題は一例であるが、FPに必要とされる課題は広く、適切な情報提供とともに、原点に再度戻って、自らのライフプランのあり方について考え直すことの必要性とコミュニケーションの大切さを、FP教育に携わってきたもののひとりとして、本章の最後に指摘して終わりとしたい。

注

1 わが国の公的医療保険制度においては、患者の過大な自己負担を防ぐため、1973年に所得に応じて負担の限度額を定める制度が導入されてきた。例えば、月に100万円の医療費がかかった場合においても、この制度の存在ゆえに、一般的な所得水準では70歳未満の場合、約8.7万の負担額で済むことになる。最近になって、70歳未満については、従来の所得区分に応じた負担額が見直され、区分の細分化により、負担額の見直しがなさ

れた。70歳以上の場合においては，入院や外来ともに，自己負担の限度額はさらに減る仕組みになっているが，2016年の診療報酬改定において，本体部分の引き上げに伴う財源確保のため，今後は70歳以上の高齢者についても負担限度額の引き上げが検討されているが，反対も多く，実現に向けた詳細は不明確なままの状況にある。

2 鈴木厚（2012）によると，2007年に日本医師会がまとめた調査報告においては，死亡前１か月の平均医療費は約112万円，１年間の死亡者数（2002年時）98万人を考慮すると，約9,000億円の試算になるという。なお，後述のように，2014年の年間死亡者数は127万人である。

3 こうした論争の経過については，河口（2015），鈴木亘（2002）等において整理されているが，「社会保険旬報」において，石井（2001），片岡（2001）などが詳細を記載している。

4 なお，厚生労働省による速報によると，平成25年度（2013年度）の国民医療費は，初めて40兆円を超えたという。

5 2014年改定より，高度急性期医療においては，「総合体制加算」といった加算条件が設定されたが，がん治療に関わる「化学療法4,000件/年」という要件が厳しく，これを申請できる医療機関はほとんど存在しなかった。2016年改定においては，1,000件と大幅に条件が緩和されている。こうした点からも，がん治療に関しては，末期のケースについての急性期医療は，あまり効果的には機能していないようにも思われる。

6 同氏によると，米国においては，1990年に「患者の自己決定法」が制定され，入院時にはリビングウィルを作成する権利があることを患者に書面で告知し，作成についての有無を記録に残すことになっているという。しかしながら，現状においては，そうしたことの問題点が米国において浮き彫りになっている実態が，堀内志奈訳（2013）『決められない患者たち』（p.254）において「事前意思表明は私たちの希望を表明する最初のステップであって，決して最終的な結論ではない」という一節から感じ取ることができる。

7 厚生労働省（2015）「患者の意思を尊重した人生の最終段階における医療体制について」参照。同HPによると，当初，平成19年５月に発表された段階では，「終末期医療の決定プロセス」であったが，平成27年３月になって，当初の文言を変えて，「最期まで人間の生き方を尊重した医療を目指す」ことを強調したものとしたという。

8 厚生労働省（2015）「患者の意思を尊重した人生の最終段階における医療体制について」参照。同HPによると，このモデル事業に対する平成26年度の予算額は5,400万円，平成27年度の予算額は3,200万円であるという。

9 平成25年３月に郵送により実施したもの。調査対象は無作為抽出により，国民5,000人，医師3,300人，看護師4,300人，介護施設職員2,000人，施設長4,200人の計18,800人。うち回収率は36.7％の計6,902人であった。

10 今回は「事前指示書」について尋ねている。これは，自分で判断不能になった時に備えて，どのような治療を受けたいか，代わりに誰に判断して欲しいかを事前に記載した書面である。一方で前回調査では「リビングウィル」について尋ねており，これは，治る見込みがない終末期に延命治療を拒否することを，あらかじめ書面に記載しておき，本人の意思確認が困難な時には，その書面に従って治療方針を決めるというものである。

11 末期がんの場合と比較して，認知症の場合には様々な治療を望まない割合が高くなって

いる。
12 2012年からは，負担軽減とさらなる往診や看取りなどの実績要件厳格化のもと，常勤医師3名以上による機能強化型在支診，連携強化型在支診など，負担軽減や在宅医療充実に向けた新たな在支診が設置されるようになった。また「在宅療養支援病院（在支病）」も2008年より創設され，ほぼ同様の要件がある。なおこうした在宅医療提供施設に関する詳細は，堀田（2014）を参照のこと。
13 具体的には「地域包括診療料」（月1回1,503点）とよばれる定額の包括算定項目である。高血圧・脂質異常・糖尿病・認知症などのうち2つ以上の疾患を有する患者を対象に，かかりつけ医としての総合的な管理，指導を目的とする内容であるが，算定要件に24時間対応またはそれに準じた体制での対応が求められていることから，当初の思惑どおりには進展していないのが現状である。
14 この項目が定額による包括算定であったことに関する問題点の詳細は，堀田（2014）や堀田（2015）等において指摘している。
15 在宅医療の評価引き上げにともない，不適切な事例が生じたことに対する対応として，2014年改定においては同一建物における同一日の複数訪問について大幅に評価が引き下げられ問題となった。2016年改定では，この点を踏まえ，重症度と居住場所に応じた評価へと見直しがなされた。
16 ここでは紹介しないがマクロ的な視点から国民医療費との関連での検討についても興味深く，詳細は宮本（2008）の分析を参照のこと。なおこの分析での「終末期」とは，「医師によって不治の病であると診断をくだされ，それから数週間ないし数カ月（およそ6ヶ月以内）のうちに死亡するであろうと予測される状態になった時期」（p.1）としている。
17 宮本（2008）の分析においては，3つのケースが選択肢としてあげられているが，結論に違いが生じないことから，本章では2つのケースの比較に焦点を当てた。
18 実際に医師の立場から，呼吸器の専門医として末期がんの患者を多く看取った経験のある，寺尾一郎医師（新宿区，寺尾クリニカ院長）は，病院では病気を治すことに尽力してきたが，「死と向き合う患者さんをどう精神的にサポートしていくか」という点が，むしろ大きな課題であると感じ，開業当初は外来を通じてそうした患者さんを支えていこうと考えていた，とその実情を語っている（寺尾一郎（2011）「ドクターズファイルVol. 1544」，同クリニックHP「覚悟の瞬間」より）。

参考文献■

Hashimoto, H. et al. (2010). Micro Data Analysis of Medical and Long-Term Care Utilization among the Elderly in Japan. *International Journal of Environmental Research and Public Health*, Vol. 7, 3022-3037.

Zweifel, P.et al. (1999). Ageing of Population and Health Care Expenditure : A Red Herring?. *Health Economics*, Vol. 8, 485-496.

池上直己（2006）「終末期の予測と消費者のリスク回避」『医療経済研究』18(2), 133-137頁。

石井暎禧（2001）「終末期医療費は医療費危機をもたらすか」『社会保険旬報』No. 2086，6-14頁。
伊藤道哉・濃沼信夫（2006）「終末期における医療供給体制の課題」『J.Natl. Inst. Public Health』55(3)，225-229頁。
岩尾総一郎（2016）「高齢者多死社会，これからの10年」『医薬経済』No. 1507，32-33頁。
岡本祐三（2007）「変貌する医療と介護」『経済セミナー』2007年2月・3月号，40-44頁。
荻野美恵子（2014）「終末期医療の意思決定支援の診療報酬評価」『日本内科学会雑誌』103(12)，2957-2961頁。
片岡佳和（2001）「終末期におけるケアに係わる制度及び政策について」『社会保険旬報』No. 2095，12-15頁。
鎌田　實（2016）「平成20年後期高齢者医療制度終末期医療に踏み込めなかった」『文藝春秋』94(1)，340-343頁。
河口洋行（2015）『医療の経済学（第3版）』日本評論社，225-243頁。
厚生労働省（2014）「終末期医療に関する意識等検討会報告書（平成26年3月）」（終末期医療に関する意識調査等検討会），1-29頁。
――――――（2015）「人生の最終段階における医療の決定プロセスに関するガイドライン（平成27年3月）」。
清水昭美（2008）「終末期医療の動向」『福祉労働』No. 118，98-106頁。
社会保険研究所（2012・2014・2016）『診療報酬点数表　改正点の解説（平成24年・26年・28年4月版医科）』社会保険研究所。
ジェロームグループマン・パメラハーツバンド（堀内志奈訳）（2013）『決められない患者たち』医学書院。
鈴木　厚（2012）「経済問題からみた延命治療の処方箋」『看護ジャーナル』2012年2月，84-87頁。
鈴木　亘（2002）「終末期医療の自己決定に関する経済学的考察」『GERONTOLOGY』14(3)，245-249頁。
独立行政法人国立長寿医療センター（2014）「平成26年度人生の最終段階における医療体制整備事業統括報告書」，25-26頁。
内閣府（2016）『平成27年版高齢社会白書』内閣府。
長尾和弘（2015－2016）「多死社会における理想の看取り，終末期医療を考える」『医療白書2015-2016年版』146-155頁。
日本医療事務協会（2008）『診療報酬点数表（医科）平成20年4月版』日本医療事務協会。
日本老年医学会（2012）「高齢者の終末期の医療及びケアに関する立場表明」，1-4頁。
堀田真理（2014）『診療報酬制度と医療政策』株式会社泉文堂。
――――――（2015）「2014年診療報酬改定の影響と経済学的視点からの展望」『経営論集』第86号，東洋大学経営学部，159-178頁。
宮本　守（2008）「終末期医療について」『経済系』第273号，関東学院大学，1-10頁。
厚生労働省（2012）「平成24年度医療費の動向」　http://www.mhlw.go.jp/topics/medias/year/12/（2015年11月10日参照）。
――――――（2015）「患者の意思を尊重した人生の最終段階における医療体制について」

http://www.mhlw.go.jp/stf/seisakunitsuite/bunya/kenkou_iryou/iryou/saisyu_iryou/
　　　（2015年11月12日参照）
厚生労働省（2015）「平成26年人口動態統計の年間推計」 http://www.mhlw.go.jp/toukei/
　　　saikin/hw/jinkou/suikei14/（2015年12月10日参照）
寺尾一郎（2011）「Doctor's File（ドクターズファイル）Vol. 1544，寺尾クリニカ院長」
　　　http://doctorsfile.jp/h/19665/af/1（2016年 2月12日参照），同クリニックHP　http://
　　　www.terao-clinica.com/（2015年12月21日参照）。

（堀田　真理）

《執筆者紹介》

宮村健一郎（みやむら　けんいちろう）　　　　　まえがき，第7章
東洋大学経営学部会計ファイナンス学科教授

杉山　晶子（すぎやま　あきこ）　　　　　　　　第1章
東洋大学経営学部会計ファイナンス学科教授

茅根　聡（ちのね　さとし）　　　　　　　　　　第2章
東洋大学経営学部会計ファイナンス学科教授

増子　敦仁（ましこ　あつひと）　　　　　　　　第3章
東洋大学経営学部会計ファイナンス学科准教授

会田富士朗（あいだ　ふじお）　　　　　　　　　第4章
東洋大学経営学部会計ファイナンス学科准教授

鳥飼　裕一（とりかい　ゆういち）　　　　　　　第5章
東洋大学経営学部会計ファイナンス学科教授

金子　友裕（かねこ　ともひろ）　　　　　　　　第6章
東洋大学経営学部会計ファイナンス学科准教授

川﨑健太郎（かわさき　けんたろう）　　　　　　第8章
東洋大学経営学部会計ファイナンス学科教授

大坪　宏至（おおつぼ　ひろし）　　　　　　　　第9章
東洋大学経営学部会計ファイナンス学科教授

堀田　真理（ほった　まり）　　　　　　　　　　第10章
東洋大学経営学部会計ファイナンス学科准教授

《編者紹介》

東洋大学経営学部会計ファイナンス学科

　東洋大学経営学部は，2006（平成18）年4月に会計ファイナンス学科を開設した。会計ファイナンス学科の際立った特徴は，会計とファイナンス分野の第一線の研究者を揃えて高い教育効果を発揮し，公認会計士試験合格者を毎年複数輩出し，税理士，証券アナリストなど，東洋大学において，社会的に評価の高い資格合格者を多数送り出している，ということである。この教育力は，人気企業への就職にも力を発揮する。一学年の定員は216名で，女子学生比率は35％である。

現代会計ファイナンス研究の潮流

2016年11月1日　第1版第1刷発行

編　者	東洋大学経営学部会計ファイナンス学科
発行者	山　本　　　継
発行所	㈱中央経済社
発売元	㈱中央経済グループパブリッシング

〒101-0051　東京都千代田区神田神保町1-31-2
　　　　　電話　03（3293）3371（編集代表）
　　　　　　　　03（3293）3381（営業代表）
　　　　　　　http://www.chuokeizai.co.jp/
　　　　　印刷／昭和情報プロセス㈱
　　　　　製本／誠　製　本　㈱

©2016
Printed in Japan

＊頁の「欠落」や「順序違い」などがありましたらお取り替えいたしますので発売元までご送付ください。（送料小社負担）

ISBN978-4-502-20051-9　C3034

JCOPY〈出版者著作権管理機構委託出版物〉本書を無断で複写複製（コピー）することは，著作権法上の例外を除き，禁じられています。本書をコピーされる場合は事前に出版者著作権管理機構（JCOPY）の許諾を受けてください。
JCOPY〈http://www.jcopy.or.jp　eメール：info@jcopy.or.jp　電話：03-3513-6969〉

東洋大学経営学部開設50周年記念出版

現　代
経営学研究の
潮　流

東洋大学経営学部経営学科　編

（A5判／ハードカバー／242頁）

現　代
マーケティング研究の
潮　流

東洋大学経営学部マーケティング学科　編

（A5判／ハードカバー／236頁）

現　代
会計ファイナンス研究の
潮　流

東洋大学経営学部会計ファイナンス学科　編

（A5判／ハードカバー／212頁）

中央経済社